Wolfgang Ullrich

FEINDBILD WERDEN

AF216765

Wolfgang Ullrich

FEINDBILD WERDEN

Ein Bericht

Der neue Ost-West-Konflikt

Verlag Klaus Wagenbach   Berlin

Inhalt

Vorbemerkung

Es gab gute Gründe, dieses Buch nicht zu schreiben. Warum sollte gerade ich mich mit einem Gemälde auseinandersetzen, das Neo Rauch im Juni 2019 in polemischer Reaktion auf einen von mir verfassten Zeitungsartikel gemalt hat? Gewiss könnte man mir fragwürdige Motive, ein unerlöstes Gemüt oder auch taktisches Ungeschick unterstellen, zumal der Titel des Gemäldes – *Der Anbräuner* – direkt auf mich zielt. Manche dürften das Buch als das Bellen eines getroffenen Hundes oder als nächste Etappe in einem öden Kreislauf der Rache deuten, andere ein Zuviel an Eitelkeit darin erkennen: Muss einer in Buchform auswalzen, dass er in den Kosmos von Neo Rauch Eingang gefunden hat? Auf der anderen Seite ist von denjenigen, die das Gemälde für missglückt – für einen Ausrutscher – halten, der Einwand zu erwarten, dass ich es zu ernst nehme, wenn ich ihm so viel Aufmerksamkeit widme. Ferner könnte man mir vorhalten, dadurch doch nur seinen Marktwert zu steigern; profitieren würde davon allein sein Besitzer (dem das Bild im Juli 2019 immerhin eine Dreiviertelmillion wert war). Sollte man den Streit also nicht auf sich beruhen lassen? Wird mein Name sonst nicht viel zu eng an den von Rauch gebunden? Wird dadurch nicht von den anderen Themen und Anliegen abgelenkt, die ich als Autor verfolge?

Aus all diesen Gründen wäre das Buch tatsächlich fast nicht geschrieben worden. Im Sommer 2019, als die Idee dazu erstmals an mich herangetragen wurde, entschied ich mich dagegen. Zum Jahreswechsel 2019/20 las ich dann noch einmal vieles nach, was im Zuge der Auseinandersetzung mit Rauchs Bild geäußert worden war – nicht nur öffentlich, sondern auch in zahlreichen privaten Mailwechseln mit ganz unterschiedlichen Personen. Angesichts der Thesen, die in diesen Mails verhandelt wurden, begriff ich nun viel deutlicher, wie sehr Rauchs Bild Ausdruck und Folge etlicher Konflikte ist, die aktuelle Diskussionen in der Kunstwelt, vor allem aber im politischen Raum prägen.

Der FDP-Vorsitzende Christian Lindner prophezeite im Juli 2019, *Der Anbräuner* »werde einst in Schulbüchern abgebildet sein«; es handle sich bei dem Gemälde »um Zeitgeschichte«, es »sei eine Analogie auf die Debattenkultur der 2010er und 2020er Jahre«.[1] Abgesehen davon, dass sich über die 2020er Jahre noch nicht viel sagen lässt und dass Lindner wohl »Allegorie« statt »Analogie« meinte, würde ich ihm recht geben. Und wäre eine solche Einschätzung von Rauchs Gemälde nicht Grund genug, es doch zum Ausgangspunkt eines Buchs zu machen?

Noch während ich mich mit einem entsprechenden Plan anzufreunden begann, kamen jedoch neue Bedenken auf. Sie waren sogar schwerwiegender als die ersten. Denn wie mir die Relektüre der Mails deutlich machte, ist Rauchs Gemälde vor allem anderen die Erwiderung eines ostdeutschen Künstlers auf einen westdeutschen Kritiker. In dem Bild werden die seit einigen Jahren wieder verstärkt wahrnehmbaren Abgrenzungen und Aggressionen zwischen Ost und West drastisch zum Thema. Wird *Der Anbräuner* aber als identitätspolitisches Statement gedeutet, steht meine Eignung als Autor eines Buchs, das sich damit befasst, umso mehr infrage. So liegt der Verdacht nahe, dass ich als Westdeutscher grundsätzlich nicht nachvollziehen kann, was einen Ostdeutschen beschäftigt und verletzt oder inwiefern sein Handeln seinen spezifischen Erfahrungen geschuldet ist.

Doch damit nicht genug. Als Westdeutscher bin ich gegenüber Ostdeutschen zudem Vertreter einer privilegierten Mehrheit oder gelte sogar als jemand, der einer Gesellschaftsordnung angehört, die eine andere Gesellschaftsordnung verdrängt oder kolonisiert hat. Und wie es immer wieder strittig ist, ob Weißen das Recht zusteht, sich in die Deutung der Erfahrungen von Schwarzen einzumischen, oder wie es Homo- oder Transsexuelle als übergriffig, als eine Form von Aggression empfinden, wenn Heterosexuelle sie analysieren, so könnte auch ich einen Fehler begehen, wenn ich mir anmaße, Rauchs Gemälde zu interpretieren.

Aber sind derartige Vergleiche richtig? Sind die Differenzen zwischen Ost- und Westdeutschland wirklich so groß, dass ein Gemälde eines ostdeutsch sozialisierten Künstlers aus dem Jahr 2019 – dreißig Jahre nach Ende der DDR – kein Gegenstand für einen westdeutsch sozialisierten Kritiker sein kann oder sein darf? Und würde, wer einen solchen Schluss zöge, nicht sogar dazu beitragen, den Graben zwischen Osten und Westen weiter zu vertiefen? Wäre es also nicht im Gegenteil ein wichtiges Zeichen, als Westdeutscher über Rauchs Gemälde zu schreiben? Das aber setzt nicht nur voraus, dass man Erfahrungsunterschiede eigens reflektiert, sondern ist auch nur dann sinnvoll, wenn man das Bild als das nimmt, was ein Bild immer sein kann, egal mit welcher Intention es entstanden ist: ein Ort, der Freiraum für unterschiedlichste Gedanken und Deutungen lässt.

Bekanntlich gab es Zeiten, in denen Bilder genau deshalb sogar in den Dienst der Diplomatie gestellt wurden. Man sah sie als ideales Medium an, damit verschiedene Parteien, ausgehend von einer Ikonografie oder einzelnen Sujets, jeweils ihre Vorstellungen artikulieren und im Weiteren ihre Standpunkte formulieren konnten. Indem man darauf achtete, auf welche Sujets sich eine Partei bezog oder wie stark eine andere ein bestimmtes Motiv mit Bedeutung belastete, konnte man ihre unterschiedlichen Interessen vielleicht besser verstehen und eventuell sogar ausloten, ob und wie eine Annäherung möglich wäre. Der Kunsthistoriker

Ulrich Heinen, der das Verhältnis von Kunst und Diplomatie für das 17. Jahrhundert und am Beispiel von Peter Paul Rubens näher erforscht hat, zeigte auf, wie Gemälde »gerade in angespannten Verhandlungen« zu einem bildhafteren Sprechen anregen, Metaphern und Vergleiche stimulieren und so »den Gesprächsfluss sowie das wirkungsvolle Vorbringen eigener Interessen erleichter[n]«.[2]

Nun geht es hier um keine angespannten Verhandlungen, aber wenn Rauchs Gemälde innerhalb einer Konfliktlage entstanden ist, eignet es sich vielleicht besser als vieles andere dazu, eben diese zu erhellen. Wer über das Bild spricht, bezieht immerhin jeweils Position innerhalb des Konflikts, formuliert aber unwillkürlich im spielerischen Modus des Als-ob, weiß um die grundsätzliche Mehrdeutigkeit von Bildern, ist daher vielleicht auch neugierig auf andere Deutungen und modifiziert eventuell sogar die eigene Sichtweise immer wieder. Bildexegesen führen so bestenfalls zu einer Reflexion sonst ziemlich verhärteter Standpunkte.

Allerdings – so lässt sich einwenden – ist Rauchs Gemälde selbst parteiisch – und nicht gemalt worden, um Konflikte aufzulösen. Vielmehr sollte mit ihm eine andere Eigenschaft genutzt werden, die man Bildern zuspricht. So vermögen sie Evidenz zu schaffen und etwas bisher Diffuses so anschaulich zu machen, dass es überhaupt erst fassbar wird und sich darauf reagieren lässt. Dann kann es durch sie gelingen, wie der

Kunsthistoriker Horst Bredekamp dargestellt hat, »auf kaum kontrollierbare Weise von der Möglichkeits- in die Aktionsform umzuspringen«.[3] Manche Bilder etwa führen Utopien klar vor Augen und motivieren so zu einem bestimmten Handeln, andere verleihen Idealen sichtbaren Ausdruck und verschaffen ihnen damit überhaupt erst Geltung, wieder andere aber geben einem Gegner und den gegen ihn gerichteten Emotionen eine Gestalt. In diesem Fall manifestieren sich in ihnen, ja entstehen mit ihnen *Feindbilder*. Rauchs *Anbräuner* ist ein solches Feindbild – und damit ein Bild, das Dynamiken in Gang setzen kann, die schlimmstenfalls nicht mehr kontrollierbar sind.

Damit aber ist auch klar, worin die Aufgabe und die Herausforderung dieses Buchs besteht. Es geht darum, die eine Eigenschaft von Bildern gegen die andere auszuspielen – und es zu nutzen, zumindest darauf zu vertrauen, dass selbst ein Bild, das als Feindbild wirken soll und dem eine Schmähfunktion auferlegt wurde, einen Raum eröffnet, in dem man sich frei bewegen kann. Dabei müsste es gelingen, von der Aktionsform in die Möglichkeitsform zurückzuspringen und verschiedene Standpunkte und die ihnen korrespondierenden Erfahrungen auszuloten. Gerade weil ich meinerseits so parteiisch bin wie Rauch und sein Bild, habe ich aber auch ein besonders starkes Interesse daran, es entgegen der mit ihm verbundenen Intention zu behandeln: Weil ich zum Feindbild geworden bin, will ich es nicht bleiben.

Letztlich habe ich mich also doch dazu entschlossen, dieses Buch zu schreiben. Allerdings will ich damit nicht nur meine westdeutsche Perspektive in den aktuellen Ost-West-Konflikt einbringen. Vielmehr soll dieser Konflikt vor dem Hintergrund von Debatten erörtert werden, die im Bereich der bildenden Kunst stattfinden. Dass dort etwa viel über Freiheitsrechte und verschiedene Konzepte von Autonomie diskutiert wird, erlaubt ein besseres Verständnis einiger Leitmotive, die abgesehen von diesem Konflikt auch andere politische Auseinandersetzungen prägen. So wurde ich etwa davon überrascht, in welchem Ausmaß im Frühjahr und Sommer 2020 bei Protesten gegen die staatlichen Corona-Maßnahmen die Sozialfiguren des Denunzianten und des Dissidenten wiederkehrten, die schon im Streit um Rauchs Gemälde sowie in Debatten über den Topos einer DDR 2.0 eine wichtige Rolle spielen. Doch auch wenn beispielsweise darüber diskutiert wird, ob Kunst eher der Identitätsstiftung dienen oder aber vermeintliche Gewissheiten ins Wanken bringen soll, werden jeweils Ansprüche und Erwartungen sichtbar, die ganz ähnlich in anderen Bereichen auftauchen und von weitreichender gesellschaftspolitischer Bedeutung sind. Deshalb sollte man Milieu- und Mentalitätsunterschiede oder Ost-West-Differenzen überall dort ernst nehmen, wo man auf sie trifft.

1 Die Rechtsverschiebung der Idee autonomer Kunst

Am Morgen des 24. Juni 2019 erhielt ich eine Mail aus der Redaktion der *ZEIT* – mit der Bitte um ein Telefonat möglichst noch am selben Vormittag, denn: »Es drängt ein wenig«. Ich hatte keine Ahnung, worum es gehen könnte. Am Telefon erfuhr ich dann, dass ein Artikel von mir, den die Zeitung einen Monat zuvor gedruckt hatte, nicht ohne Folgen geblieben war: Neo Rauch hatte darauf mit einer ungewöhnlichen Form von Leserbrief geantwortet, nämlich mit einem eigens gemalten Bild. Man beschrieb es mir als eine Art Karikatur, die einen Mann zeige, der mit seinen Exkrementen male. Dieser Mann sei offenbar ich. So sei die von ihm mit einem Hitlerkopf und einem Hitlergruß beschmierte Leinwand mit den Initialen »W.« und »U.« signiert. Innerhalb der Redaktion sei umstritten, ob man Rauchs Bild veröffentlichen solle, daher wolle man auch meine Meinung hören.

In dem Artikel in der *ZEIT* hatte ich für einige Teile der Kunstwelt eine politische Rechtsverschiebung diagnostiziert und das unter anderem mit Zitaten aus Interviews mit Neo Rauch belegt.[1] Diese Verschiebung ist für mich jedoch mit einer anderen Entwicklung verbunden, auf die ich in dem Text zuerst einging. So wird die seit dem späten 18. Jahrhundert und während der gesamten Moderne wichtige Idee autonomer Kunst seit einigen Jahren von etlichen Vertretern der Kunstwelt, vor allem von linken Intellektuellen und einer jüngeren Kuratorengeneration, kritisch gesehen. War man lange überzeugt, dass eine Kunst, die ohne Rücksichtnahmen auf ästhetische, moralische oder soziale Konventionen und allein nach eigenen, sich selbst auferlegten Prinzipien – autonom – entsteht, aufklärender und emanzipatorischer sein kann als eine Kunst, die sich den jeweiligen gesellschaftlichen Maßstäben anpasst, und bestand man daher auf einem speziellen Freiheitsprivileg für sie, so fragt man heute, ob dies nicht gerade zu Werken führen kann, die ziemlich unsensibel gegenüber der sozialen Wirklichkeit sind. Verfestigt autonome Kunst vielleicht sogar – so die Befürchtung – bestehende Formen von Unrecht und Diskriminierung, zumal meist nur eine kleine Elite in den Genuss eines solchen Freiheitsprivilegs kommt?

Diese Frage wurde in den letzten Jahren in etlichen Debatten verhandelt. In ihnen ging es etwa um die Darstellung von Schwarzen durch weiße Künstler, die maßgebliche Diskriminierungserfahrungen nicht gemacht haben, aber auch um Sexismus oder um gesellschaftlich geächtete Formen von Sexualität wie Pädophilie. Sollte es wirklich unter ein Freiheitsprivileg fallen, so etwas darzustellen? Hieße das nicht, Unrecht und Leid zu dulden, solange es im Namen der Kunst geschieht? Und sollte man sich auf einen zeitlosen Standpunkt zurückziehen können, von dem aus alles als Sujet der Kunst berechtigt erscheint, egal ob es heute akzeptiert wird oder nicht? Immerhin wäre es dann doch vielleicht möglich, so ließe sich dafür argumentieren, Zugang zur Erfahrungswelt von Pädophilen zu bekommen und sie, ihre Weltsicht, vielleicht sogar ihr Leiden an der eigenen Sexualität besser zu verstehen. Und kann man wirklich ausschließen, dass es in einer fernen Zukunft einmal eine Gesellschaft gibt, die anders zu Pädophilie steht als die heutige? Doch aus solchen Gründen für eine unbedingte Freiheit der Kunst zu plädieren, lehnen mittlerweile selbst viele Angehörige des Kunstbetriebs ab. Sie wollen der Kunst keine privilegierte Stellung mehr zubilligen und glauben nicht mehr an die lange gepredigten kunstreligiösen Formeln, wonach Künstler Zugang zu sonst verschlossenen Wahrheiten haben oder als Avantgarde einer besseren Welt fungieren können.

Manchmal kommt es daher sogar zur Forderung, bestimmte Werke nicht mehr öffentlich zu zeigen. Beispielsweise wurde 2017 vom New Yorker Metropolitan Museum of Art die Abhängung des 1938 entstandenen Gemäldes *Träumende Thérèse* des deutsch-polnisch-französischen Malers Balthus verlangt, da es ein junges Mädchen, das dem Maler Modell gesessen hatte, in einer sexuell anzüglichen Pose zeige.[2] Gerade im Zuge der gleichzeitigen #MeToo-Debatte erschien es manchen nicht länger erträglich, dass »unter dem Deckmantel der Kunstfreiheit« sexuelle Ausbeutung betrieben und legitimiert werde. So formulierte es die Kunstwissenschaftlerin Julia Pelta Feldman und plädierte dafür, die Unversehrtheit von Menschen ernster zu nehmen als die Unversehrtheit einzelner Werke. Für sie »verblasst« jede »Gewalt, die sich gegen Kunst wendet, im Vergleich zur Gewalt, die Menschen angetan wurde«.[3]

Das moderne westliche Konzept eines Freiheitsprivilegs für autonome Kunst ist aber nicht nur durch linke Intellektuelle, feministische Bewegungen und Minderheiten, die sich vermehrt Gehör verschaffen, in die Defensive geraten. In meinem Artikel nannte ich als weiteren Grund die Globalisierung der Kunstwelt. So gibt es mittlerweile sowohl bei kuratierten Events als auch im Handel viele Akteure aus Asien, Afrika oder der arabischen Welt, die nicht mit typisch westlichen Unterscheidungen wie der zwischen freier und angewandter Kunst sozialisiert wurden. Ohne solche Unterscheidungen verlieren aber auch die spezifischeren Ideen von Kunstfreiheit und Kunstautonomie an Bedeutung. Sie relativieren sich noch weiter dadurch, dass die nicht-westlichen Akteure, deren Kulturen jeweils eigene Kunstbegriffe haben, inzwischen ihrerseits die Menschen im Westen beeinflussen. So erscheinen Kunstautonomie und Kunstfreiheit auf einmal sogar als ideengeschichtliche Auslaufmodelle. Wie einiges andere, etwa die Wertschätzung antiker Mythologie, das unbedingte Streben nach Individualität oder die ausschließliche Orientierung an Hochkultur, kann man sie zum erweiterten Repertoire lange unhinterfragter Prioritäten des vielzitierten privilegierten »alten weißen Mannes« zählen.

Dadurch aber passiert zweierlei. Wer befürchtet, selbst der Mentalität eines »alten weißen Mannes« bezichtigt zu werden, wird sich von allem distanzieren wollen, was damit assoziiert ist, fortan also etwa auch auf uneingeschränkte Plädoyers für die Kunstfreiheit verzichten und sich nicht länger auf Topoi der romantisch-westlichen Kunstreligion wie den Geniekult berufen. Doch wer umgekehrt die Vormachtstellung des »alten weißen Mannes« bewahren oder zurückgewinnen will – oder schon die Rede davon für Unsinn hält –, identifiziert sich auf einmal mit allem, was bedroht erscheint. Neben vielen, die die Idee der freien Kunst oder der Hochkultur noch eher aus bildungsbürgerlicher Gewohnheit vertreten, wollen manche sie nun also vor allem deshalb schützen und neu beleben, weil sie sich generell in Opposition zu feministischen und minderheitenbewussten Intellektuellen sowie zu globalisierungsfreundlichen, liberalen Milieus empfinden. Die paradoxe Folge davon ist, dass die Idee eines Freiheitsprivilegs für Kunst, nachdem sie über mehrere Generationen hinweg gerade von aufgeklärten, emanzipatorischen und liberalen Strömungen stark gemacht worden war, nun nicht mehr von progressiven Milieus, sondern verstärkt von Rechten reklamiert wird. Denn vor allem sie sind es, die ihre Schwierigkeiten mit Minderheiten, Fremden und Feminismus haben. Für sie gehört die Freiheit der Kunst auf einmal wie Weihnachten oder der Bikini zur Identität jener westlich-modernen Kultur, die sie vor zu viel Globalisierung, Multikulturalismus und Islamisierung schützen wollen.

In meinem *ZEIT*-Artikel mutmaßte ich, dass das Freiheitsprivileg autonomer Kunst manchen umso unsympathischer wird, je mehr es in die Nähe rechten Denkens gerät, wohingegen andere, denen diese Idee wirklich wichtig ist, auf einmal dazu neigen, rechten Topoi gegenüber insgesamt aufgeschlossener zu werden. Plötzlich fragen sie sich vielleicht, ob doch etwas dran sein könnte an der Diagnose einer »linksgrünen Kulturhegemonie«, wenn schöne Bilder in den Museen nicht mehr sicher sind vor aggressiven Tugendwächtern, die allenthalben Sexismus, Rassismus, Unrecht wittern.[4] Und wo soll das überhaupt noch hinführen? Wer wird nach Balthus der nächste sein, dessen Abhängung gefordert wird? Wird die Kunstfreiheit nicht längst der sogenannten *political correctness* geopfert?

In den beliebten Untergangsszenarien, die ausgehend von wenigen Fällen entwickelt werden, verbinden sich oft kulturpessimistische und reaktionäre Motive – und die Idee der Kunstfreiheit gerät zum tagespolitischen Kampfbegriff. Mit meinem Artikel wollte ich eigentlich eine Debatte darüber anstoßen, ob es wirklich im Sinne der Kritiker dieser Idee sein kann, dass sie eine Aneignung von rechts erfährt. Man kann sie damit zwar umso leichter als diskreditiert erachten und noch heftiger gegen sie ins Feld ziehen, was aber nur wieder zu Eskalationen auf der Gegenseite, zu noch schärferen Trotzreaktionen – von kunstreligiösen Aufwallungen bis zu aggressivem Verhalten gegenüber Frauen und Minderheiten – führt. Wie sollte sich eine weitere Polarisierung der Gesellschaft da noch verhindern lassen?

Eine sachliche Diskussion über Möglichkeiten und Grenzen freier Kunst ist schon jetzt kaum mehr möglich. Dadurch aber könnte – und das ist die Sorge, die ich trotz meiner eigenen Abneigung gegenüber kunstreligiösen Topoi habe – mehr verlorengehen, als selbst viele heutige Kritiker dieser Idee sich wünschen. So frage ich mich, was wohl passiert, wenn man ganz darauf verzichten würde, Kunst als relativ eigenständigen Bereich zu bewahren, in dem unabhängig von jeweils herrschenden Geschmacksidealen und Moralvorstellungen fiktionale Überhöhungen sowie Verfremdungen in Form oder Inhalt erlaubt sind – in dem grundsätzlich alles möglich ist. Würden ohne künstlerische Experimente mit anderen Weltbildern und ohne freie Ausgestaltung von Phantasien in Kunstwerken nicht Fähigkeiten der Imagination verkümmern, die aber etwa wichtig sind, um die Gegenwart besser zu erkennen und um in der eigenen Lebenswelt bewusster handeln zu können?

Nicht romantisch-idealistisch, sondern ganz pragmatisch, geradezu utilitaristisch möchte ich daher dafür plädieren, die Kunst als eine Institution zu pflegen, in der Differenzen und Alternativen zum jeweiligen kulturellen Status quo zugelassen sind. Obwohl ich die Autonomie-Idee immer wieder nicht nur in gesellschaftspolitischer Ambition, sondern auch im Hinblick auf die Folgen für die Kunst kritisiert habe,[5] gerate ich damit allerdings in den Verdacht, selbst ein »alter weißer Mann« zu sein – und kann mich dieses Verdachts schon rein äußerlich nicht erwehren. Tatsächlich hatte ich erst ein paar Wochen vor Erscheinen meines *ZEIT*-Artikels erlebt, dass bei einer Diskussion in Wien eine Reihe von Studentinnen protestierend den Raum verließ, weil ich offenbar etwas zu viel über den Verlust der Idee freier Kunst gesprochen und daher genau dem Schema eines noch-privilegierten, naiv-unsensiblen Vertreters westlicher Hochkultur entsprochen hatte. Mir ist also bewusst, wie schnell einseitige, gar radikale Positionen unterstellt werden – und interpretiere das als Beleg dafür, wie nervös und polarisierend die gesamte Debatte geführt wird.

Wird die Autonomie-Idee von links zunehmend ignoriert oder dezidiert abgelehnt, so wird sie von rechts aber nicht nur adoptiert, sondern auch verändert. In ihrem Mittelpunkt steht nicht länger die Erwartung, dass eine Kunst, die möglichst unkorrumpiert von externen Einflüssen ist, ihrerseits emanzipatorisches

Potenzial entwickeln kann. Vielmehr erscheint autonome Kunst, so die These meines Artikels, als ein Hort, wo inmitten einer vermeintlich von Verboten und Rücksichtnahmen durchsetzten Welt noch ein letzter Rest an Freiheit existiert – und wohin sich der allseits bedrohte westliche, weiße, meist männliche Künstler zurückzieht, um sich zu verteidigen oder auch zum Gegenschlag zu rüsten. Autonomie bedeutet dann also Selbstbehauptung, sie steht gar für eine Haltung des Widerstands und der Dissidenz, die sich entsprechend martialisch und rebellisch aufladen lässt.

2 Neo Rauchs Oppositionskurs

In meinem Artikel erwähnte ich mehrere Beispiele eines derartigen Verständnisses von Autonomie, etwa den vom rechten Antaios-Verlag publizierten Philosophen Frank Lisson, der Künstler dazu auffordert, sich »aus tiefster Notwendigkeit gegen das Gewissen seiner Zeit« zu stellen; »erst die Repression« würde »die besten Kräfte im Künstler mobilisier[en]«. Je mehr ein Künstler sich in Opposition befindet und gegen vielfältige Formen der Zähmung und Moralisierung wehrt, desto autonomer ist er also – und desto besser und bedeutender wird das, was er schafft. Zu derartiger Selbstverteidigung und Selbstbehauptung bedarf es gemäß Lisson aber heroischer Männlichkeit. Der Rang einer Kultur hänge davon ab, »wie viril die Männer in ihr sind«.[1] Frauen hingegen scheinen zu bedeutender Kunst von vornherein nicht disponiert.

Gewiss muten solche Gedanken eher alt als neu an. Sie erinnern etwa an (kontextlos herausgepickte) Wendungen Nietzsches, der Künstler als »Kraftthiere« pries, denen »eine gewisse Überheizung des geschlechtlichen Systems« zu eigen sei.[2] Oder man denkt an die Behauptung der italienischen Futuristen, Schönheit gebe es »nur noch im Kampf«, sowie an ihr Eintreten für Militarismus und Patriotismus, an ihre Misogynie und ihre Opposition gegenüber Moralismus.[3] Gerade innerhalb der ziemlich machohaften Avantgarden finden sich immer wieder ähnliche Motive männlicher Selbstbehauptung, und es wäre eine Untersuchung wert, sie in ihrer Entwicklung sowie in ihrem Verhältnis zur Idee autonomer Kunst zu betrachten. Eine Arbeitshypothese könnte dabei sein, dass jene Motive vor allem vom autonomen Künstler, Autonomie-Konzepte hingegen oft von autonomen Kunstwerken und ihren Eigenschaften handeln, ein Unterschied also darin besteht, ob Autonomie Ausdruck einer künstlerischen Haltung ist – etwa eines Strebens nach Außenseitertum und einer Ausnahmestellung – oder aber ein Werkprinzip meint – etwa die Preisgabe von Mimesis-Ansprüchen.

Auch Neo Rauch, das prominenteste Beispiel meines *ZEIT*-Artikels, kommt wiederholt auf seine künstlerische Haltung zu sprechen. Sie dürfte noch stark von Erfahrungen in der DDR geprägt sein. Dort sei er schon in der Jugend »in eine innere Emigration getrieben« worden, wie Rauch 2017 in einem Interview mitteilte; während er zeichnete, habe er »still vor sich hingeflucht«.[4] Sein Studium bei Arno Rink und Bernhard Heisig in Leipzig endete ungefähr zeitgleich wie die DDR, die ersten Jahre als freier Künstler erlebte Rauch also in einer Umbruchzeit voller Unsicherheiten. Schon in den neunziger Jahren stellten sich aber größere Erfolge ein, im Jahrzehnt darauf kam es zum internationalen Durchbruch, was sowohl rasch steigende Preise für seine Gemälde als auch eine Reihe musealer Ausstellungen zur Folge hatte. Obwohl innerhalb der Kunstkritik nicht unumstritten,[5] gilt Rauch seither als wichtigster ostdeutscher Künstler seiner Generation. Neben seinen Bildern liefern aber auch etliche seiner Interviews Diskussionsstoff. In ihnen finden sich nämlich immer wieder Aussagen, die ziemlich anders klingen als das, was sonst von global erfolgreichen Künstlern zu hören ist. Vertreten die meisten von ihnen eine pluralistisch-kosmopolitische Weltsicht, so geht Rauch regelmäßig auf Distanz dazu. Seinen Abstand zum vorherrschenden Ton der aktuellen Kunstwelt bekundet er zum Teil auch mit schroffen Worten und provokanten Vergleichen.

Die Übermalung eines Gedichts von Eugen Gomringer, das 2011 auf der Fassade der Berliner Alice-Salomon-

Hochschule angebracht und 2017, wie im Fall von Balthus im Zuge der #MeToo-Bewegung, von einigen als sexistisch verurteilt wurde, kritisierte Rauch 2018 als »Talibanisierung unserer Lebenswirklichkeit«.[6] Diese Formulierung ist ein gutes Beispiel für die Eskalation und Polarisierung der Debatten über Kunst. Denn obwohl mancher Beitrag, in dem die Übermalung des Gedichts zur Grundsatzfrage stilisiert wurde, zu schrillem Aktionismus neigte, erscheint es doch als umso provokanter, feministische Anliegen auf dieselbe Stufe zu stellen wie den radikalen (und zudem antifeministischen) Islamismus der Taliban. Mit seiner Wortwahl erklärt Rauch die Kritiker des Gedichts, das durch die Übermalung ja nicht aus der Welt geschafft worden war, zu fanatischen, kulturfremden Ikonoklasten. Selbst mit Blick auf extremere Positionen wie die von Julia Pelta Feldman wäre Rauchs Vorwurf überzogen, ruft sie doch nicht zur Zerstörung von Kunst auf, sondern legt den verantwortlichen Künstlern oder Institutionen nahe, die Wirkungen einzelner Werke zu bedenken und diese, sofern mit ihnen Gewalterfahrungen oder Verletzungen einhergehen, von sich aus der Öffentlichkeit zu entziehen.[7] Bei Rauch hingegen erscheinen diejenigen, die die Sichtbarkeit von Kunst an Bedingungen knüpfen wollen, gleichsam als Feinde, die zu bekämpfen legitim, wenn nicht sogar notwendig ist.

Interessant ist, dass er im selben Zusammenhang eine »Übersensibilität« der Gegner des Gedichts beklagt.[8]

Das suggeriert, sie seien einfach nur zu empfindlich, zu schnell verletzt und, allgemeiner, den Ansprüchen der Kunst nicht gewachsen. Rauchs Vorwurf ist letztlich also ein doppelter und gegensätzlicher – und damit paradox: Wer das Gedicht nicht als Kunst am Bau sehen will, ist schwach und aggressiv zugleich.

In Varianten taucht diese Denkfigur bei Rauch immer wieder auf. So konstatiert er in einem Interview in der *ZEIT* im Herbst 2017 (kurz vor der #MeToo-Debatte), »die gendersensiblen Jünglinge« seien heutzutage »gleich mit dem Fallbeil zur Hand«, wenn man als Maler »der weiblichen Schönheit Huldigungen darzubringen« versuche. Wiederum sollen also dieselben Kritiker sowohl zu verweichlicht als auch zu brutal sein. Rauch führt das noch weiter aus. Er spottet einerseits über den »Typus des gendersensiblen Bücklings«, »der sich nicht ins Leben hineinwagt« und sich nur von »Blockseminaren zum gendersensiblen Sprachgebrauch« (statt von »weiblichen Körperformen«) angeregt fühle. Andererseits verurteilt er, dass heutzutage »Minderheiten zu Mehrheiten stilisiert [werden], an deren Bedürfnislagen wir uns auszurichten haben, sofern wir nicht mit der Brandmarke des Sexismus oder Chauvinismus ausgestattet werden wollen.« Er wähnt sich sogar unterdrückt, gebe es doch »Meinungs- und Haltungsvorgaben des inquisitorischen Umfeldes«, sodass »neue Verbote« entstanden seien, »die mit Sprechen und Denken zu tun haben«. Rauch konkretisiert das auch: Die »Oberspießer, die wir 1989 zum Teufel gejagt haben und die jetzt ihre Enkelkinder auf uns losschicken«, würden »keinen Spaß verstehen«, diese seien die neuen »Politkommissare«.

Doch befürchtet er nicht nur Verhältnisse wie einst in der DDR, sondern glaubt offenbar, dass es mittlerweile sogar schlimmer als damals sei. Immerhin habe man in den achtziger Jahren an der Kunsthochschule in Leipzig noch »keine Sprachpolizei, keine Blockwart-Naturen erdulden« müssen; es herrschte ein »liberales Klima«, in dem »nichts verboten und alles willkommen« war. Nostalgisch fügt Rauch an, die Künstler seien damals gegenüber dem Regime »wie ein U-Boot auf Feindfahrt, in brüderlicher Gemeinschaft aneinandergeschweißt« gewesen. Für die Kunst sei dieser Zustand gut gewesen, habe doch, »durch den Außendruck des SED-Staats, eine enorme innere Betriebstemperatur« geherrscht. Heute hingegen empfindet Rauch den Druck als zu hoch; die gesellschaftspolitische Lage ist für ihn »nicht hinnehmbar […] auf Dauer, und gar nicht für die Kunst«.[9] Wenige Monate später sagte er in einem anderen Interview, es mache ihn »unfassbar zornig«, dass »wir uns jetzt schon wieder in Verhaltensmustern wiederfinden, die uns Ostgeborenen so urvertraut sind«. Dabei sieht er etwa diejenigen an den Pranger gestellt, die Kritik an der staatlichen Flüchtlingspolitik üben, mit der er selbst offenbar auch nicht einverstanden ist, sei er doch beim Gedanken an Flüchtlinge und offene

Grenzen »um den Schlaf gebracht«. Im Weiteren verwendet Rauch Formulierungen, bei denen nicht klar ist, ob sie wörtlich oder metaphorisch gemeint sind: »Ich bin auf Sicherheit von Haus und Hof aus. Ich gehe mit dem Knüppel vor die Türe, wenn's im Gebüsch raschelt.« Und er klagt darüber, dass »Wehrhaftigkeit […] in Deutschland schon lange diskreditiert« sei. Seine Bilder scheint er als Gegenprogramm dazu zu verstehen, gehe es in ihnen doch um »Kampf und Konfrontation«, um »Rittertum«, generell um »Männerthemen«. Was männlich (und was weiblich) ist, sei im Übrigen »naturgegeben«.[10]

In einem anderen Interview erklärt Rauch im Sommer 2018 »Widerstand« zu einer Aufgabe der Kunst. Für ihn ist das gleichbedeutend damit, dass Kunst »nicht irgendwelchen Zwecken dienen« dürfe, was wiederum eine übliche Umschreibung dafür ist, sie als autonom zu begreifen. Es erinnert an Lisson, wenn Rauch außerdem davon spricht, dass Kunst »aus der inneren Notwendigkeit heraus« zu entstehen habe und dass der Künstler »sich als der allgemeinen Tendenz widerstrebendes Element zu erkennen gibt«. Wo andere »den Strom der Zeit als Transportmedium nutz[en]« und zu schwach sind, um einen eigenen Weg einschlagen zu können, damit aber in der Summe so mächtig werden, dass etwas anderes kaum dagegen ankommt, sei allein der Künstler stark und mutig genug, »hochzuklappen aus dem Plankton« und sich dem Mainstream zu widersetzen. Der autonome Künstler ist ein einsamer, aber »aufrecht[er]« Dissident, er hat sich gleichermaßen gegen Bücklinge und Blockwarte zu wehren.[11]

Aufgrund all dieser Aussagen halte ich es für berechtigt, Neo Rauch als Beispiel für die von mir konstatierte Polarisierung innerhalb der Kunstwelt anzuführen, zu der auch eine Rechtsverschiebung des Autonomiebegriffs gehört. In meinem Artikel bezog ich mich dabei aber nur auf seine Äußerungen in Interviews, nicht auf seine Gemälde. Titel wie *Die Wächter, Fremde* oder *Die Bedrohung* mögen zwar so klingen, als gehe es um Heimat und ihre Verteidigung gegen Fremdes, aber als politische Programmbilder taugen sie deshalb noch lange nicht. Bewusst verrätselt in ihren Kompositionen sind ihnen keine eindeutigen Aussagen zu entnehmen; schon gar nicht lassen sie sich nachträglich für tagespolitische Botschaften instrumentalisieren. Bereits 2018 hatte ich in einem Interview mit dem Leipziger Stadtmagazin *kreuzer* daher auch verneint, dass sich in Rauchs Bildern direkte Bezüge zu neu-rechten Schlagworten entdecken ließen.[12]

Ähnliches gilt für die Werke anderer Künstler, die in den letzten Jahren mit rechten politischen Positionierungen auffielen und die ich in meinem *ZEIT*-Artikel erwähnte. So identifiziert sich etwa Axel Krause, ebenfalls Maler in Leipzig, im Unterschied zu Rauch zwar sogar parteipolitisch, ist er doch Mitglied im Kuratorium der AfD-nahen Desiderius-Erasmus-Stiftung und vor allem dank seines Facebook-Accounts, auf dem er immer wieder gegen die Flüchtlingspolitik und die drohende Islamisierung protestiert, in der rechten Szene sehr gut vernetzt. Seine Bilder jedoch erscheinen genauso wenig wie die Neo Rauchs als Bekenntnis zu einer genuin rechten Weltanschauung. Höchstens lassen sie sich aufgrund ihrer Bildräume und Sujets als eskapistisch-antimodernistische Phantasien interpretieren, und man darf vermuten, dass Krause selbst sich damit in der Tradition dissidenter Künstler sieht, die auch früher oft ins Surreale und mythisch Zeitlose flüchteten, um sich einen geschützten Freiraum zu wahren. Gerade Kunst aus der DDR liefert dafür zahlreiche sehr unterschiedliche Beispiele, von Elisabeth Voigt über Wolfgang Mattheuer bis hin zu Wasja Götze. Das aber bestätigt, dass sich die Rechtsverschiebung der Idee der Kunstautonomie kaum in neuen Bildsprachen oder Werkformen, sondern vor allem im Selbstverständnis eines Künstlers wie Axel Krause zeigt.

Auch jenseits von Deutschland ist das nicht anders. Dabei machen Künstler eine konservative bis rechte Einstellung oft schon allein deshalb nicht plakativ und symbolisch eindeutig zum Thema ihrer Kunst, weil sie zugleich einen traditionell hochkulturellen Werkbegriff vertreten, mit dem Eigenschaften wie Vielschichtigkeit und Verrätselung verknüpft sind, die sich gerade nicht mit politischer Propaganda vertragen. Exemplarisch sei der sich selbst als rechts einordnende US-amerikanische Maler John Currin erwähnt.[13] Er sieht die westlich-liberale Kultur bisheriger Prägung vor allem durch eine Islamisierung gefährdet, und empört hat ihn insbesondere, dass die 2005 in der dänischen Tageszeitung *Jyllands-Posten* erschienenen zwölf Mohammed-Karikaturen, die in der islamischen Welt für heftige Proteste sorgten, aus Rücksichtnahme auf Muslime auch in vielen westlichen Medien nicht mehr publiziert wurden. An so viel *political correctness*, so Currin, werde der Westen letztlich zugrunde gehen.

Was aber tut er als Maler dagegen? Dass er die oft altmeisterlich gemalten Sujets seiner Gemälde etwa Pornofilmen der Kategorie »Danish Porn« entnimmt, in der Amateure mit all ihren körperlichen Makeln in ihren Wohnungen beim Sex gezeigt werden, sieht Currin selbst als Hommage an die vom Untergang bedrohte westliche Liberalität. Zugleich wünscht er sich, dass bei denjenigen, die sich seine Bilder zu Gemüte führen, noch einmal die Lust auf Fortpflanzung steigt. Doch sosehr es ein biopolitisch grundiertes Anliegen sein mag, Kunst als Mittel gegen sinkende Geburtenraten zu begreifen, so wenig ist anzunehmen, dass seine Gemälde vom Kunstpublikum auf diese Weise rezipiert werden. Currin selbst ist das auch bewusst, bekennt er sich doch dazu, »Bildern Bedeutungen zu verleihen, die sie überfordern«.[14] Statt eine politische Agenda möglichst breit zu kommunizieren oder statt starke eigene Bilder für den Konflikt zwischen dem

Westen und dem Islamismus zu finden, ist es ihm also wichtiger, als raffinierter Künstler zu brillieren. Und so ist auch er kein Gegenbeispiel zu meiner im *ZEIT*-Artikel formulierten Prognose, dass wohl erst Künstler der nächsten Generation rechtes Gedankengut »mit den passenden Bildwelten versorgen« werden.

3 Autonomie als Selbstbehauptung

Als mir Neo Rauchs Bild am Telefon beschrieben wurde, fragte ich mich sogleich, ob er damit vielleicht doch schon einen ersten Vorstoß unternommen haben könnte, die diagnostizierte Leerstelle zu füllen. Ist die polemisch-obszöne Ikonografie nicht die Erfindung eines Wutbürgers, der überall *political correctness* und Moralisierung wittert und seine eigenen Prioritäten politisch nicht mehr vertreten sieht? Der jede Kritik als Bedrohung seiner Meinungsfreiheit auffasst? Und der Leute mit ähnlicher Gesinnung dazu aufruft, sich endlich laut und unmissverständlich zu wehren?

Zugleich kamen aber auch Zweifel bei mir auf, ob die mit ihrem eigenen Kot malende Figur auf dem Bild wirklich ich – der Kritiker – sein solle oder ob Rauch damit nicht vielmehr ein Zerrbild von sich selbst gemalt haben könnte. Zeigt er sich vielleicht durch eine politische Zuordnung entstellt, auf die Rolle des Bösewichts reduziert? Dann würde er in einer Form von zynischem Protest genau das machen, von dem er glaubt, dass man es ihm am liebsten gleich auch noch vorwerfen würde: Nazi-Schmierereien. Und das »W.U.« stünde dann dafür, dass der Kritiker selbstherrlich entscheidet, welches Bild vom Maler entsteht. Das Gemälde wäre also eine heftige, laute Widerstandsgeste, mit der der Maler empört darauf hinweist, wie übel man ihm mitspielt, mit der er sich gleichwohl auch stolz zum Rebellen erklärt.

Allerdings wunderte ich mich über Rauchs Hitler- und Exkremente-Ikonografie nicht nur wegen ihrer Derbheit, sondern auch, weil ich keinen hinreichenden Bezug zu meinem Artikel erkennen konnte. Ich hatte nur von »einigen Motiven rechten Denkens« gesprochen, die sich bei ihm fänden, ihn also nicht einmal insgesamt zu einem Rechten erklärt, sondern, wie der Kunstkritiker Kolja Reichert kommentierte, »vorsichtig und etwas verlegen« geurteilt.[1] Schon gar nicht sprach ich von Rechtsextremismus oder -radikalismus und wäre auch nie darauf gekommen, das Wort »Nazi« zu benutzen, das meiner Meinung nach ohnehin zu oft und zu leichtfertig in den Mund genommen wird (und wegen der Unvergleichlichkeit der nationalsozialistischen Verbrechen besser für dessen Protagonisten und Mitläufer reserviert bliebe). Rauchs Motivwahl stellt also eine Überreaktion dar, die man höchstens noch mit dem Titel des Artikels – »Auf dunkler Scholle« – und einer davon ausgelösten Blut-und-Boden-Assoziation erklären könnte. Wie bei Zeitungsartikeln üblich, war der Titel aber allein Sache der Redaktion. Im Artikel selbst schreibe ich lediglich – bezogen auf Rauchs Gemälde *Vaters Acker* (2016) –, dass dieser »eine ziemliche Scholle« sei, was einfach nur Überdruss an einer pathetisch-schweren Malweise signalisieren sollte.

Beim Telefonat mit der Redaktion war weder davon die Rede gewesen, dass das Bild einen Titel hat, noch hatte man mir seine Größe mitgeteilt. Beides spielt für einen »Leserbrief« auch keine Rolle. Es war für mich zu diesem Zeitpunkt also noch nicht klar, dass Rauch seine Antwort auf meinen Artikel mit einem Werkanspruch versehen und dabei das sowohl für eine Karikatur als auch für ein Bild, das zum Abdruck in einer Zeitung bestimmt ist, ungewöhnlich große Format von 150 x 120 Zentimeter gewählt hatte. Ausgehend von dem, was man mir berichtete, dachte ich eher an eine flotte Zeichnung als an ein Gemälde auf Leinwand, ja stellte mir ein Blatt im Stil der Illustrationen vor, mit denen Rauch 2013 eine Künstler-Ausgabe der Zeitung *Die Welt* bestückt hatte.[2] Gerade weil ich der Auffassung war, das Bild habe nur den Zweck einer Erwiderung und würde sonst vielleicht gar nicht öffentlich werden, war für mich auch keinen Moment fraglich, dass es publiziert gehört: Wenn Rauch die Meinungsfreiheit ohnehin schon für gefährdet hält, darf man ihn in diesem Eindruck keinesfalls bestärken.

Zwei Tage nach dem Telefonat, am 26. Juni, wurde

gegen Abend die neue Ausgabe der *ZEIT* mit Rauchs Bild online veröffentlicht. *[Abb. 1]* Ich saß gerade in einem Taxi in Siegen – und war überrascht, als ich es nun erstmals mit all seinen Details und in seiner Atmosphäre auf mich wirken lassen konnte.

Die zentrale männliche Figur hat mit heruntergezogener Hose – und altmodisch mit einem Wams bekleidet – auf einem Leibstuhl Platz genommen. Sie hebt den Hintern leicht, um ihren Kot mit einem Pinsel aufzufangen, muss sich aber zugleich bücken, weil der Raum sehr niedrig ist, als wäre er wirklich nur ein Abort. Der Rest der Exkremente fällt in einen Nachttopf, auf dem Boden lagern weitere bereits gefüllte Gefäße; andere Materialien stehen dem hier gezeigten Maler offenbar nicht zur Verfügung. Man mag sich den Geruch in dem engen Raum kaum vorstellen, in dem es lediglich an der hinteren Wand ein kleines Fenster zum Lüften zu geben scheint. Durch dieses blickt, wie eine Chimäre und unbemerkt vom Maler, eine Hitler-Fratze. In ihre Richtung grüßt mit erhobenem Arm eine schemenhafte, ihrerseits mit den Zügen Hitlers versehene Figur, die der Maler auf die Leinwand gepinselt hat, auf der sonst nur die Initialen meines Namens stehen.

Da das Bild so genau komponiert und auch farblich nuanciert gemalt ist, fühlte ich mich darin bestätigt, dass es nicht eindeutig-einfach als Karikatur aufzufassen ist. Und dass die Figur den Künstler und nicht seinen Kritiker darstellen könnte, erschien mir jetzt sogar noch wahrscheinlicher. So ist der Raum nach oben hin mit Holzgebälk abgeschlossen, was an die lange Tradition von Gemälden denken lässt, in denen Künstler sich oder Dichter auf Dachböden gemalt haben. Der Kunsthistoriker Walter Grasskamp bilanziert in einem Aufsatz über dieses Motiv, dessen berühmteste Ausarbeitung Carl Spitzwegs *Der arme Poet* (1839) sein dürfte: »Seit dem Beginn des 19. Jahrhunderts haben Künstler und Schriftsteller die Dachkammer als Sinnbild ihrer gesellschaftlichen Randlage gewählt.«[3]

Handelte es sich dabei jedoch meist um eine ökonomische und soziale Randlage, die zugleich die Autonomie der Künstler und Bohémiens beglaubigte, die keine bessere Bleibe als eine Dachkammer haben konnten und wollten, so sieht sich Rauch offenbar wegen seiner politischen Ansichten in die Randständigkeit versetzt und verfolgt. Dazu passt, dass vom Gebälk zackenförmige Keile nach unten ragen, an denen sich der Maler verletzen würde, wenn er versuchte, sich gerade hinzustellen. Statt durch Ärmlichkeit ist der Raum also eher durch qualvolle Enge charakterisiert.

Später am Abend, mittlerweile im Hotel, kam mir die Idee, Rauchs Gemälde als Gegenbild zu einem anderen Gemälde jüngerer – westdeutscher – Kunstgeschichte zu interpretieren, in dem die Rolle des Künstlers in der Gesellschaft zur Diskussion gestellt wird. *Wo stehst Du mit Deiner Kunst, Kollege?*, von Jörg Immendorff 1973 gemalt, zeigt einen Künstler, der allein in

seinem Atelier sitzt und damit beschäftigt ist, über die
nächste Kunstrichtung nachzudenken, mit der er gerne Geschichte schriebe. *[Abb. 2]* Da reißt ein anderer
Mann die Tür auf, und man sieht eine Straße, auf der
gerade gegen schlechte Arbeitsbedingungen und politische Unterdrückung demonstriert wird. Die Botschaft
scheint klar: Als Künstler gerät man schnell in das Dilemma, ob man sich ganz der Kunst verschreibt und
nach Autonomie strebt oder ob man seine Begabung
in den Dienst politischer Ziele stellt und Transparente
malt sowie bei Protestkundgebungen mitmacht.

Vordergründig scheint Immendorff es als wichtiger
anzusehen, als Künstler direkt Partei zu ergreifen, wirkt
der Maler in seinem Atelier doch etwas verschroben und
unsicher, nicht gerade als Sympathieträger. Doch formuliert Immendorff diese Botschaft in einem Gemälde,
das seinerseits in der Tradition autonomer Kunst steht,
also nach eigenen Kriterien und nicht nach den Anforderungen der Straße geschaffen wurde. Als er sein Bild
malte, verbanden sich mit der Autonomie-Idee auch
noch idealistische Ziele; sie war in den Jahren nach
1968 stark links konnotiert, ökonomische Unabhängigkeit und Selbstbestimmung waren wichtige Elemente.
Vielleicht wollte Immendorff seine künstlerische Freiheit mit dem Gemälde daher als allgemeinen Maßstab
propagieren und die Kunst als Vorschein einer besseren
Welt begreifen. Aber noch wahrscheinlicher dürfte er im
Geist der Moderne die Überzeugung vertreten haben,

dass Gestaltungsformen, die innerhalb der autonomen Kunst entstehen, darüber hinaus prägend wirken und damit auch für anderes – etwa die Ästhetik des Protests – wichtig sein können. Was an einem Ort – im Atelier – geschaffen wird, lässt sich an einem anderen – auf der Straße – anwenden und muss sich dort bewähren. Gemäß dieser Überzeugung strahlt autonome Kunst – sofern sie sich nicht zu sehr dagegen verschließt – auf viele Bereiche der Gesellschaft aus; sie wirkt emanzipatorisch und kann anderen auf ihrem Weg zur Selbstbestimmung helfen.

Diesem optimistischen Bild von Kunst und Gesellschaft setzt Rauch ein düsteres Szenario entgegen. Bei ihm findet kein lebhafter, herausfordernder Austausch zwischen dem Künstler und einer von außen auf ihn einwirkenden Öffentlichkeit statt. Es sieht (offenbar zumindest für ihn) so aus, als hätten sich die Verhältnisse umgekehrt, und wo noch vor wenigen Jahrzehnten gerade Künstler Einfluss darauf hatten, was in der Gesellschaft galt, werden sie nun zum Opfer von Vorurteilen, ja müssen es ertragen, von anderen auf Zerrbilder reduziert zu werden.

Tatsächlich hat die Dekonstruktion und Relativierung des westlich-modernen Kunstbegriffs und der kunstreligiösen Topoi dazu geführt, dass der Blick auf Künstler heute deutlich nüchterner ist als früher. Indem man sie nicht mehr zu Genies verklärt, erwartet man von ihnen auch nicht länger eine herausgehobene Rolle bei der Veränderung der Gesellschaft. Dafür nimmt man sie umgekehrt als Bürger und Zeitgenossen ernster als früher, nimmt sie stärker beim Wort und gesteht ihnen keine pauschale Narrenfreiheit mehr zu.

Von einigen anderen, radikaleren Kritikern unterscheide ich mich aber insofern, als ich es, wie schon angedeutet, nach wie vor für sinnvoll und wichtig halte, Kunstwerke nach eigenen Maßstäben zu beurteilen. Wenn etwas mit Werkanspruch formuliert ist, eine Äußerung also etwa den Charakter einer Performance hat oder als Teil einer Inszenierung und gestalterischen Überhöhung zu erkennen ist, sollte man darin nicht nur eine Meinungsbekundung sehen, die nach den jeweils vorherrschenden moralischen und geschmacklichen Konventionen zu bewerten ist. Vielmehr ist anzuerkennen, dass es sich dann um etwas handelt, das losgelöst von Überzeugungen, im Modus des Als-ob, etwa als Experiment oder Gedankenspiel, formuliert wird und sich daher viel freier rezipieren lässt. Daher erscheint es mir auch immer noch berechtigt, dass im Grundgesetz in Artikel 5 eigens zwischen Meinungsfreiheit und Kunstfreiheit unterschieden wird.

Es fällt also leichter, offen gegenüber einer Aussage zu sein, wenn sie in eine künstlerische Form integriert und fiktionalisiert ist. Was man sonst missbilligt, wird dann vielleicht sogar richtig interessant. Als etwa Jonathan Meese im Jahr 2013 angeklagt wurde, bei einem öffentlichen Auftritt – nicht zum ersten Mal – einen

Hitlergruß gezeigt zu haben, und als mich sein Anwalt daraufhin um ein Gutachten zu seiner Verteidigung bat, nahm ich die Aufgabe gerne an, weil für mich eindeutig war, dass Meeses Verhalten keine politische Meinungsäußerung darstellte und daher auch nicht von einer rechtsradikalen Gesinnung zeugte.[4] Vielmehr war sein gesamter umstrittener Auftritt eine Kunst-Performance – und ein intellektuell herausforderndes Experiment. In diesem wollte Meese prüfen, ob sich der übermächtigen Semantik des Hitlergrußes nicht etwas entgegensetzen ließe. Es sei doch »Voodoo-Priestertum«, so erläuterte er später, zu glauben, dass allein »in der Armstreckung, also in einem Zeichen, an sich etwas Böses liegt«. Weitergehend äußerte er die Überzeugung, dass es Künstlern generell erlaubt sein müsse, »alles in Frage zu stellen« und sich insbesondere »gegen das herrschende System« in Stellung zu bringen. Allerdings müsse man dabei »strikt trennen zwischen der Bühnenperson Jonathan Meese und dem mickrigen Privatmenschen Jonathan Meese«.[5]

Zwar ist eine solche Trennung, wie Meese sie praktiziert, der Aufwertung der Künstlerfigur im Zuge der romantisch-idealistischen Kunstreligion geschuldet, doch lässt sie sich auch unabhängig davon begründen. Immerhin kann nur so ein befreiender Moduswechsel stattfinden zwischen dem, was gilt, und dem, was möglich wäre. In jedem Fall aber verlangt eine solche Trennung, dass die Grenze zwischen Werk und Nicht-

Werk klar zu erkennen ist und alles, was einen Werk-anspruch hat, reflektiert und mit hohem gestalterischen Einsatz in Szene gesetzt wird. So kann ich mir aus Mee-ses Mund selbst Abrechnungen mit der Demokratie anhören, ohne dass sich gleich eigene Meinungen vor-drängen. Dass ihm das gelingt, unterscheidet Meese für mich von Künstlern, die ebenfalls (und sogar mit steigender Tendenz) besondere Schutzrechte für sich in Anspruch nehmen, deren öffentliche Äußerungen aber in keine Kunstform eingebunden, ja nicht etwa als Überhöhung, Brechung, Verfremdung oder Ironie markiert sind. Damit jedoch klingen sie wie die Äu-ßerungen anderer Personen und sollten auch genauso behandelt werden. Wer ihnen nur deshalb, weil sie von Künstlern stammen, toleranter und ehrfurchtsvoller be-gegnet, ihnen gar pauschal Immunität gewährt, bleibt hingegen einem überkommenen Geniekult verhaftet.

Künstler, die erwarten, dass ihre Äußerungen entwe-der nicht so ernst und wörtlich genommen werden wie die von Politikern oder Journalisten oder aber genau-so staunend-demütig rezipiert werden wie ihre Werke, empfinden die Art und Weise, wie mittlerweile oft mit ihnen umgegangen wird, sicher als Missachtung ihrer besonderen Autorität, als massive Beschneidung ihrer angestammten Freiheitsrechte. Und ich frage mich, ob das nicht auch bei Neo Rauchs Reaktion auf meinen Artikel eine Rolle gespielt hat. Dass ich seine Ansichten zu gesellschaftspolitischen Themen analysiere, bewerte und einordne, kann aus seiner Sicht zumindest klein-geistig und gouvernantenhaft erscheinen, und vielleicht lässt es sich zudem als Desinteresse und Ignoranz aus-legen, dass ich zugleich seine Gemälde allenfalls am Rande streife. Doch sosehr Personal und Staffagen der auf ihnen in Szene gesetzten Gegenwelten an vergange-ne, vordemokratisch-ständische und oft auch recht ge-waltreiche und militaristische Gesellschaften erinnern, so wenig stört mich das, da ich zwischen antimodern-reaktionären Phantasien im Werk und entsprechenden Meinungsäußerungen unterscheide.

Rauchs Gemälde ist für mich indes nicht nur ein düsteres, sondern auch ein trauriges Gegenbild zu Immendorffs *Wo stehst Du mit Deiner Kunst, Kollege?*. Denn statt zu überlegen, welchen Beitrag die Kunst für die Gesellschaft leisten könnte, protestiert der Künstler nur dagegen, wie er behandelt wird. Damit aber kann der Eindruck entstehen, es gehe ihm tatsächlich vor allem darum, seine Sonderstellung und damit letzt-lich Privilegien aus Zeiten religiöser Kunstverehrung durch einen Akt obszönen Widerstands zu verteidigen. Noch viel mehr als bei ihren Kritikern hat die Idee au-tonomer Kunst damit aber bei ihm jegliches utopische Potenzial eingebüßt. Aus Selbstbestimmung ist bloße Selbstbehauptung und Besitzstandswahrung geworden, und statt darauf zu hoffen, seine Kunst könne Neues und Unerwartetes schaffen, bezieht der Künstler Positi-on gegenüber echten oder eingebildeten Feinden.

Tatsächlich gibt es von Rauch verschiedentlich Äußerungen, denen zufolge er das Rad der Geschichte gerne zurückdrehen würde, am liebsten bis in die Zeit der Romantik, in der er seine eigene Herkunft erkennen könne. Damals, so seine Überzeugung, sei »in formal-ästhetischer Hinsicht […] alles noch in bester Ordnung« gewesen, »es gab keine einzige hässliche architektonische Ausformung«, vielmehr sei »alles einem harmonischen Maß unterworfen« gewesen. Allerdings entstand die Schönheit seiner Ansicht nach auch damals schon durch Widerstand und Selbstbehauptung, die – anders als heute – jedoch nicht die Sache einiger versprengter Vereinzelter war, sondern aus »nationale[m] Zusammenhalt« erwuchs. Rauch bemerkt, der Befreiungskrieg gegen Napoleon »rührt mich immer noch an«, auf seinen Bildern tauchten deshalb »hin und wieder auch preußische Landsturm-Männer auf«, diese vergangene Welt sei für ihn »eine Art Sehnsuchtszone, in die ich mich in schwachen Momenten zurückziehe«.[6] Weiter bekennt er sich zu einer »konservativen Daseinsform«, die allerdings nicht nur ein friedvolles Bewahren meint. Vielmehr gehe es darum, »das Neue, das Fremde so lange zu verhindern, bis es nicht mehr gefährlich ist«.[7] Statt von der Autonomie der Kunst eine Dynamik zu erhoffen, die die Gesellschaft in eine offene Zukunft führt, wird sie als eine Kraft verstanden, die vor fremden, vermeintlich gefährlichen Einflüssen schützen und Neues assimilieren, an die Tradition

rückbinden soll. Sie wird zu einer reaktionären In-
stanz – und der Künstler zu demjenigen, der sich die
Aufgabe stellt, »Schmutz [...] in eine Balance mit dem
Reinen zu bringen«.[8]

4 Dissident und Denunziant

Sosehr es mir zuerst gefallen haben mag, in der zentralen Figur auf Rauchs Gemälde den Künstler und
nicht seinen Kritiker zu sehen, so viel spricht dafür, dass
doch ich damit gemeint und als Fäkalien-Schmierant
dargestellt bin. Zwar kann ich keine physiognomische
Ähnlichkeit mit mir entdecken (anders als manche
Kommentatoren des Gemäldes),[1] aber der Bildtitel
benennt unverblümt den ungehörigen Kritiker. *Der
Anbräuner* – das ist kein mehr oder weniger achtens-
werter Künstler, sondern die schlimmste Form eines
Malers: einer, der andere mit Schmutz, ja mit Scheiße
und Nazivorwürfen überzieht. Er kennt nur eine Farbe,
verfolgt nur eine einzige böse Absicht. Leibstuhl und
Nachttopf sind sein Handwerkszeug.

Der Begriff »Anbräuner« stammt von Ernst Jünger
(wie etwa auch der von Rauch auf Gemälden wie *Heil-
lichtung* (2014) als Bildfigur adaptierte Oberförster aus
dem Roman *Auf den Marmorklippen*[2]). Jünger prägte
die Vokabel in einem Aphorismus innerhalb seiner

Dankesrede für den Goethepreis, den er 1982 nach einer umstrittenen Preisvergabe in Frankfurt erhielt: »Dem Zeitalter des Anstreichers ist das Zeitalter der Anbräuner gefolgt.«[3] Jünger bezieht sich also auf die Jahre nach dem Zweiten Weltkrieg, auf die Entnazifizierung, aber auch auf die im Gefolge von 1968 vielfach kritischeren Nachfragen nach Lebensläufen in der NS-Zeit. Hatte man mit Hitler einen künstlerischen Dilettanten – einen »Anstreicher« – an der Macht, so folgten ihm also gemäß Jünger die zahlreichen kleinen, schlechten Charaktere, die sich darin überboten, Leute wegen ihres Verhaltens zu Zeiten Nationalsozialismus hinzuhängen. Man kehrte streberhaft die eigene weiße Weste nach außen, wollte einen Persilschein bekommen und war deshalb zugleich damit beschäftigt, anderen eine Nähe zum Regime nachzuweisen, sie also anzubräunen. Die »Anbräuner« als spezielle Spielart der zu allen Zeiten auftretenden Anschwärzer nutzten somit gemäß Jünger die historischen Umstände, um zu diskreditieren, wen immer sie nicht mochten, sie stehen aber auch insofern in der Nachfolge des »Anstreichers«, als heutzutage offenbar sie das schlimmste Übel darstellen.

Neo Rauch hat Jüngers Aphorismus auf seinem Gemälde direkt umgesetzt, steht die Chimäre des Anstreichers Hitler im Hintergrund doch für das vergangene Zeitalter, das aber bis in die Gegenwart hineinragt, in der die in dem engen Raum fast übermächtige Präsenz des Anbräuners bestimmend ist. Rauch ist allerdings nicht der Erste, der Jüngers Aphorismus wiederaufgegriffen und damit die Behauptung verknüpft hat, das Anbräunen sei – immer noch oder wieder – hochaktuell. Wer rechte Positionen als solche benennt, muss vielmehr schon seit einigen Jahren damit rechnen, als Anbräuner bezeichnet zu werden. So formulierte 2017 ein Autor mit dem Nickname »Selberdenker« – dies einmal mehr ein stolzes Bekenntnis zur Autonomie – im rechten Online-Magazin *PI-News* (PI steht für »politically incorrect«) die These, dass der heutige (linke) »Gesinnungstotalitarismus« ein Feindbild brauche. Da aber »die Neonazis, die Holocaustleugner, die Hitlerrelativierer [...] von so geringer Zahl« seien, müsse »man sich seine eigenen Nazis schaffen«. Daher seien »die Anbräuner« unterwegs. Ihnen und ihren vielen Mitläufern gegenüber müsse man sich verhalten wie Ernst Jüngers Figur des Waldgängers, dem bewusst sei, »dass etwas nicht mehr stimmt in diesem Staat und Widerstand angesagt ist«.[4]

Jüngers erstmals 1951 erschienener Essay *Der Waldgang* erlebte in den letzten Jahren eine zweite Karriere, avancierte gar zum Kultbuch der Neuen Rechten. Gerade Jüngeren[5] gefallen die märtyrerhaften Züge des Waldgängers, der als elitärer Exilant ein existenzielleres Leben als die große Mehrheit führt und von Jünger in Termini beschrieben wird, die das von Rauch und anderen propagierte Verständnis von Autonomie als

Wehrhaftigkeit und Selbstbehauptung vorwegnehmen. So lasse sich der Waldgänger »durch keine Übermacht das Gesetz vorschreiben« (er ist also im Wortsinne autonom), und »er gedenkt sich zu verteidigen«, wobei er »nicht nur Mittel und Ideen der Zeit verwendet, sondern zugleich den Zugang offen hält zu Mächten, die den zeitlichen überlegen« seien.[6] Damit scheint sein Widerstand höhere Legitimität zu besitzen, und im Bund mit den überzeitlichen Mächten darf der Waldgänger auf einen Sieg hoffen. Gerade weil »die Tyrannis von Parteien und fremden Eroberern das Land bedrückt«, könne »die elementare Freiheit« erwachen und eine »künftige Epoche« vorbereiten.[7] Bis es so weit ist, muss der Waldgänger jedoch die Unterdrückung ertragen; er ist, so die Unterstellung im Artikel von *PI-News*, der von Denunziation bedrohte Dissident – der Angebräunte.

Auch im Zuge der Debatte über den Schriftsteller Uwe Tellkamp wurde Jüngers »Anbräuner« bereits bemüht. Tellkamp hatte im Herbst 2017 (wie etwa auch Axel Krause, Cora Stephan und Matthias Matussek) die umstrittene *Charta 2017* unterzeichnet, in der für Deutschland in Anspielung auf die *Charta 77* der tschechoslowakischen Bürgerrechtsbewegung vor einer »Gesinnungsdiktatur« gewarnt wird, die festlege, »was als Meinung innerhalb des Gesinnungskorridors akzeptiert wird«.[8] Bei einer darauffolgenden Podiumsdiskussion mit dem Autor Durs Grünbein in Dresden im

März 2018 hatte Tellkamp zudem die deutsche Flüchtlingspolitik kritisiert und behauptet, die meisten, die hier ankämen, »fliehen nicht vor Krieg und Verfolgung, sondern kommen her, um in die Sozialsysteme einzuwandern«.[9] Dafür erntete er viel Widerspruch, und sein Verlag Suhrkamp formulierte einen Tweet, der weithin als Distanzierung von Tellkamp interpretiert wurde.[10] In Reaktion auf diesen Streit twitterte der Journalist Alexander Will als »Letzte Worte zum Fall #Tellkamp und @suhrkamp« Jüngers Anbräuner-Aphorismus sowie zwei weitere Sätze aus derselben Dankesrede: »Auch die Inquisition ist säkularisiert. Wie einst der konfessionellen, spürt sie heute der politischen Abweichung nach.«[11]

Damit werden die im Begriff des Anbräuners schon angelegten Rollenbilder weiter ausgeführt. Kritiker erscheinen als charakterlose und zugleich fanatische Funktionäre einer großen Machtmaschine, die mit wenigen Worten ganze Existenzen vernichten können, und umgekehrt darf sich, wer Kritik erfährt, als Opfer gnadenloser Gewalt fühlen und Märtyrerstolz entwickeln. Es braucht also nicht zu verwundern, dass sich viele, die in irgendeiner Form Kritik erfahren, an einer solchen Begrifflichkeit erfreuen, sie ausbauen und vielleicht sogar versuchen, Anlässe zu schaffen, durch die ihre heroische Rolle weiter gefestigt wird. Das »heute«, das Jünger vor Jahrzehnten ansprach, passt daher eigentlich immer, es lässt den Aphorismus sogar umso prophetischer erscheinen, je älter er wird. Das machen sich diejenigen zunutze, die in den letzten Jahren eine neue Blütezeit für Anbräuner unterstellt haben: eine gesellschaftliche Lage, in der es üblich und von Vorteil sei, Menschen zu denunzieren, die Meinungen vertreten, welche dem vermeintlich links-grünen Mainstream entgegenstehen.

Dabei ist der historische Vergleich, der einem solchen Vorwurf zugrunde liegt, mehr als schief. So ist bei Tellkamp oder Rauch und vielen anderen, von der ehemaligen DDR-Bürgerrechtlerin Vera Lengsfeld bis hin zum Medientheoretiker Norbert Bolz,[12] die sich denunziert wähnen,[13] ein Schnüffeln und Spionieren gar nicht nötig. Vielmehr äußern sie ihre politischen Ansichten frank und frei, legen sogar regelrechte Bekenntnisse dazu ab und können sich als gefragte Interviewpartner gerade auch in reichweitenstarken Medien äußern. Man muss bei ihnen also nicht eigens etwas suchen oder es überhaupt erst bekannt machen. Damit aber sind die angeblich Angebräunten alles andere als Opfer von Spitzeltum und denunziatorischem Eifer, was ihr Selbstbild als Dissidenten ziemlich übertrieben erscheinen lässt.

Auch in meinem *ZEIT*-Artikel zitierte ich nur längst bekannte, in großen Medien veröffentlichte Aussagen von Rauch. Mir war überhaupt nicht daran gelegen, etwas aufzudecken, hätte das doch nur die Aufmerksamkeit von den Diskursen über die Autonomie-Idee abgelenkt, die mich hier vor allem interessierten. (Verschiedentlich wurde bemängelt, ich hätte in meinem Artikel nur wenige Beispiele genannt, was aber gerade daran liegt, dass ich als Beleg für meine These einer Rechtsverschiebung auch nur diejenigen erwähnen wollte, die sich bereits öffentlich entsprechend geäußert hatten, jedoch nicht daran interessiert war, ja, es höchst unredlich gefunden hätte, über andere zu berichten, deren Ansichten ich nur aus privaten Gesprächen oder durch Dritte kenne.)

Wenn Rauch sich dennoch denunziert – angebräunt – fühlte, muss er es also als für ihn gefährlichen Angriff empfunden haben, dass und wie ich ihn als Beispiel verwendet habe. Da mein Artikel vor allem an ein intellektuelleres, bürgerlich-liberales Kunstpublikum adressiert war, das »rechts« als Reizwort empfindet (und manchmal wohl auch wirklich zu schnell darauf anspringt), mochte es dem Betroffenen so erscheinen, als hätte ich es auf ihn und seine Karriere abgesehen. Wollte ich nicht Stimmung gegen ihn machen, gar gegen ihn mobilisieren, damit sich möglichst viele, die ihn bisher bewundert hatten, von ihm abwendeten?

Man mag mich der Naivität bezichtigen, aber das wollte ich mit Sicherheit nicht. Deshalb dürfte es mir anfangs auch so schwergefallen sein, Rauchs Gemälde und vor allem dessen Titel direkt auf mich zu beziehen. Im Nachhinein erscheint es mir selbst verwunderlich, dass ich über den Titel so lange hinwegging und daher weiter mutmaßte, die gezeigte Figur sei der Maler selbst – und nicht der anbräunende Kritiker. Auch in einem Interview mit dem *Deutschlandfunk Kultur*, zwei Tage nach Publikation des Gemäldes, blieb ich bei dieser Interpretation und deutete es als Protest- und nicht als Schmähbild. Dabei legte ich das Augenmerk vor allem auf die ungewöhnliche Form der Figur. Sie hat, anatomisch unklar, drei Beine, zudem wirkt der Körper gespalten, zumindest ist nicht deutlich, ob eine dunkle Fläche im Hintergrund ein Schatten der Figur sein soll oder doch ein Teil von ihr ist. Sind das aber nicht Zeichen dafür, dass die dargestellte Person nicht bei sich, sondern außer sich ist, gar unter einer dissoziativen Störung leidet, sich in ihrer Identität bedroht und in eine Rolle gedrängt fühlt, die sie nicht als ihre eigene anerkennen kann? Vielleicht lohnt es sich für den von Kritikern malträtierten Künstler nicht mehr, gute Bilder mit schönen Farben zu malen, denn was auch immer er tut: Er wird den »Politkommissaren« und ihren Vorurteilen nicht entkommen können. Er ist ihr Gefangener, ein einsamer Insasse im mörderisch engen »Gesinnungskorridor«.[14]

5 Der Kritiker als Feindbild

Neben dem Titel des Gemäldes sprechen andere Indizien dafür, dass es einen Kritiker zeigt. Wie sonst sollte etwa ein Zeitungsstapel am linken Bildrand zu erklären sein? Es handelt sich dabei um Exemplare der *taz*, also um eine Tageszeitung, deren politische Ausrichtung Rauch wohl nicht gerade zusagt; jedenfalls hat er sie fast direkt neben dem Topf voller Kot platziert. Hätte der Künstler sich selbst gemalt, gäbe es aber keinen Grund, dass er gerade diese Zeitung säuberlich geordnet in seinem so kleinen Raum aufbewahrt. Der Kritiker und Anbräuner hingegen verbreitet seine Denunziationen in solchen Blättern; in ihnen findet sich sein infames Werk genauso wie auf der Leinwand, die er gerade beschmiert, und so stapelt er sie stolz.

Hätte der Künstler sich selbst dargestellt, wäre er wohl auch kaum darauf verfallen, sich drei Furunkel auf die Hinterbacke zu setzen. Dagegen gibt es seit dem Mittelalter eine lange Tradition, Bösewichte mit Warzen und anderen Hässlichkeiten zu malen. Ihr niederträchtiger Charakter soll sich in körperlichen Merkmalen ausdrücken – und wo besser denn an seiner Pobacke könnte sich die Schlechtigkeit eines Anbräuners zeigen? (Dass es Furunkel sind, berichtete mir ein Bekannter, der Rauchs Gemälde zufällig bei dessen Rahmenbauer stehen sah und es aus der Nähe inspizieren konnte. – Mir selbst war ein Blick auf das Original bisher nicht möglich.) Die drei Beine ließen sich dann, zumal sie ziemlich ungelenk in Szene gesetzt sind, wie eine Missbildung und damit ebenfalls als Hinweis auf die charakterliche Abartigkeit des Kritikers interpretieren.

Schließlich sagte Neo Rauch Anfang Juli 2019 in einem Interview über sein Bild, es sei »das einzige nicht justiziable Äquivalent zu einer wohlverdienten Ohrfeige«.[1] Damit ist klar, dass er mich treffen und verletzen wollte. Ich sollte mich in der gemalten Figur erkennen. Das Gemälde war nicht als Protest- oder Klagebild gemeint, in dem der Künstler sich selbst als Opfer in Szene setzt und es zum Skandal erklärt, wie übel man ihm mitspielt, sondern es sollte ein Akt der Vergeltung sein – Rache: Der Künstler sucht den Kritiker heim; er will ihn demütigen, indem er vor Augen führt, was für ein verkommener, von niederen Instinkten getriebener Mensch er ist. Dem Kritiker wird demonstriert, wie sehr er selbst in seiner engstirnigen Missgunst gefangen ist, die seine Lebenswelt auf Hitlerfiguren, Lügenpresse und Scheiße reduziert. Und der Kritiker ist – hier wird das beliebte Motiv der Interviews mit Rauch variiert – doppelt und gegensätzlich charakterisiert: Er ist der mächtige Aggressor, der die kostbare Leinwand für üble, geschmacklose Schmierereien missbraucht, also die Kunst zerstört, aber er ist zugleich ein einsamer und letztlich schwacher Idiot, der sich in etwas verbissen hat und dessen Tun ausweglos ist.

Neo Rauch hat also nicht das Bild gemalt, das ich zuerst darin sehen wollte. Man könnte daher auch mutmaßen, ich hätte in einer Art von Selbstschutz nicht an mich herangelassen, wie beleidigend und herabsetzend er sein Gemälde als Feindbild an mich adressiert hat. Ich glaube eher, ich wollte nicht wahrhaben, im Zentrum des Bildes zu stehen, weil ich mich keineswegs für einen besonders scharfen Kritiker halte und gerade Rauchs Malerei, aber auch seine politische Haltung sicher schon härtere Urteile als meines erfahren haben.[2] Zudem habe ich andere Künstler viel heftiger oder grundsätzlicher kritisiert als Rauch, so etwa Gerhard Richter, Katharina Grosse oder Philipp Ruch vom *Zentrum für Politische Schönheit*. Sie ließen sich davon aber nicht irritieren. Lediglich Liam Gillick antwortete auf eine Kritik einmal mit einer Schallplatte, die er als Multiple produzieren ließ und auf der er sich über mich lustig macht.[3] Das empfand ich aber als letztlich coole, smarte Geste: Der Künstler zeigt, dass ihm das Urteil anderer nicht gleichgültig ist, er nimmt den Kritiker ernst, will etwas von dem Ärger, den dieser ihm bereitet hat, an ihn zurückgeben, findet dafür auch eine eigene Form, die den Streit jedoch nicht eskalieren lässt, sondern ihm sogar eine leicht absurde Note gibt. Dank einer solchen Intervention ist die Sache danach für beide Seiten erledigt.

Dass ich die Stoßrichtung des *Anbräuners* zunächst verkannte, mag zu arglos gewesen sein – oder auch Ausdruck einer *déformation professionelle*. Denn wer sich mit zeitgenössischer Kunst beschäftigt, ist so sehr daran gewöhnt, durch ein Werk auf eine bisher zu wenig beachtete Welterfahrung, auf ein Unrecht oder eine Verletzung gestoßen sowie zu mehr Empathie aufgefordert zu werden, dass die Möglichkeit gar nicht erwogen wird, es könnte sich dabei auch um die Ausgestaltung eines Feindbilds und mehr noch um einen persönlichen Angriff handeln. Das gilt umso mehr, als man als Kritiker im Allgemeinen denselben Milieus mit ihren jeweiligen Diskursen angehört wie die Künstler und diese daher ohnehin nicht als Opponenten erlebt.

Solange ich in Rauchs Gemälde eher das Selbstbildnis eines Künstlers sah, der sich in die Enge getrieben und diskriminiert fühlt, tendierte ich also dazu, darin einen Hilfeschrei, ein geradezu existenzielles Anliegen zu erblicken, das über eine persönliche Auseinandersetzung mit einem Kritiker weit hinausreicht. Etwas beklommen versuchte ich mir vorzustellen, wie es wohl ist, wenn man sich tatsächlich von Spitzeln umgeben, in einen »Gesinnungskorridor« eingesperrt und verleumdet wähnt. Dagegen wirkt das Bild stumpfer, wenn man wahrnimmt, dass seine Aggressivität gegen einen einzelnen Kritiker gerichtet ist, den es mit Fäkalien und Hitlerbildern entwürdigen oder einschüchtern soll. Statt nach mehr Empathie zu rufen und eine Brücke zwischen verschiedenen Milieus und Welthaltungen zu schlagen, ist das Gemälde dann lediglich ein übergroßer Stinkefinger.

Aber ist nicht gerade Neo Rauch bekannt für rätselhafte Ikonografien, für verschlüsselte Sujets? Gerne beschwört er das Geheimnisvolle und spricht, ganz im Sinne eines romantischen Antimodernismus, davon, »immer bemüht [zu sein], an der Wiederverzauberung der Welt mitzuwirken«.⁴ Hat die Figur vielleicht deshalb drei Beine? Soll sie mehr, anderes sein als einfach nur ein obsessiv-dreister Kritiker oder ein bedrängt-wütender Künstler? Oder steht sie sogar für beide? Das Gemälde wäre dann ein Kippbild; nach Belieben ließe sich eine Klage oder ein Angriff darin erblicken.

Ich erwog diese Deutung kurz, schloss sie dann jedoch aus. Denn sie würde auch implizieren, dass der Künstler sich mit dem Kritiker sehr eng verbunden, gar zu einer Figur verschmolzen hätte. Beide wären grundsätzlich gleichgestellt. Das aber passt nicht dazu, wie Neo Rauch Kunstkritiker im Allgemeinen einschätzt. Schon seit den Anfängen seiner Karriere begegnet er ihnen mit Misstrauen, hält sie für untergeordnete, sekundäre Figuren, denen er niemals auch nur annähernd denselben Rang wie Künstlern zugestünde. Statt Kritiker auch als Verbündete zu erleben, sieht er sich ihren »Anwürfen und Dackelbissen ausgesetzt«.⁵ Sie sind lästig oder bedrohlich, oft zudem voller Neid und Missgunst gegenüber den begabteren Künstlern. Wie unartigen Schülern darf man ihnen also Ohrfeigen verpassen.

Passend dazu berichtet Rauch auch, dass er einen Kritiker angerufen und als »alarmistischen Denunzianten« bezeichnet habe,[6] oder er erzählt, dass er sich eine Kritikerin gerne »vorgeknöpft« hätte, wäre sie nicht eine Frau.[7] Als solche ist sie offenbar von vornherein nicht satisfaktionsfähig. Hier ist das Delikt also weniger Denunziantentum als Majestätsbeleidigung, wobei sich beides auch miteinander verbinden kann, was zudem dem heroischen Selbstbild des Künstlers schmeichelt, der sich dann umso mehr als doppelter Außenseiter, als Dissident und als Genie, fühlen darf. So oder so aber gilt, »am liebsten würde er den Kritikern eins auf die Nase geben«, wie Rauch 2010 bekannte. Und nach eigener Aussage malt er auch »Gewalttätigkeiten, die unmittelbar auf solche Schmieranten zurückgehen«.[8]

Die Kunsthistorikerin Petra Kunzelmann betrachtete 2017 in einem Aufsatz einige dieser Bilder näher.[9] Zwar waren Kritiker auf ihnen bis zum *Anbräuner* nie namentlich Sujets oder Adressaten, doch sprechen die Ikonografien bei aller Verrätselung eine halbwegs deutliche Sprache. So sieht man auf einer dieser gemalten Gewaltphantasien, dem Gemälde *Unerträglicher Naturalismus* von 1998, eine männliche Figur, deren Gesichtszüge denen Rauchs ähneln, beim Nachladen eines Gewehrs, das auf einen von Schüssen bereits durchsiebten Pappkameraden gerichtet ist. Auf einer Palette im

Vordergrund befinden sich statt Farbhäufchen weitere Patronen, so als seien sie die wahren Materialien des Künstlers. Die Stellen, die er aus der Pappfigur herausgeschossen hat, fliegen, zu orangefarbigen Scheiben angewachsen, durch den Raum; eine schwebt direkt vor einer Leinwand auf einer Staffelei und nimmt so den Charakter eines abstrakten Bildes an. Mit Waffengewalt erzeugt der Künstler damit gerade die Art von nichtfigurativer oder konzeptueller Kunst, die nach Ansicht mancher Kritiker als einzige als fortschrittlich gilt. Er macht, was sie wollen, doch muss einer von ihnen stellvertretend für den gesamten Kunstbetrieb, gleichsam als dessen Frontfigur, den Preis für die gewaltsame Abstraktion zahlen.

Mit diesem Bild reagiert Rauch ebenso selbstbewusst wie wütend auf Debatten über Sinn und Zukunft gegenständlicher (naturalistischer) Malerei, die im Westen seit den fünfziger Jahren stattfanden und die ab 1990 plötzlich auch ihn und viele seiner Kollegen aus der ehemaligen DDR betrafen und ihre Œuvres infrage stellten. Sie mussten befürchten, in der Rezeption durch die westdeutsche Kunstkritik auf ein Klischeebild von »Sozialistischem Realismus« verkürzt zu werden, den es aber in dieser stereotypen und pauschalen Weise spätestens seit den siebziger Jahren nicht mehr gab. Konfrontiert mit neuen Kriterien und auf Westkunst fixierten Kritikern hatten sie zu entscheiden, ob und inwieweit sie sich nun ihrerseits auf typisch westliche Kunstformen – von Informel bis Appropriation Art – einließen. Neo Rauch hatte schon 1988, also noch vor Öffnung der Grenzen, auf einem Symposium von der Schwierigkeit gesprochen, angesichts des westlichen »Postmodernismus«, innerhalb dessen »die verschiedenen Ausdrucksformen der Nachkriegskunst […] munter persifliert und bunt zueinander collagiert« würden, eine »eigene, unverwechselbare Position auszubauen«.[10] Klingt hier die Sorge an, die Vermischung figürlich-naturalistischer Malerei mit ungegenständlichen Bildsprachen und konzeptuellen Werkformen könne zu Beliebigkeit führen, so beschrieb es der Maler Harald Metzkes 1990 gar als »ein halsbrecherisches Unternehmen«, zwischen den Kunstauffassungen der beiden getrennten und nun wiedervereinigten Hälften Deutschlands navigieren zu wollen. Unmöglich sei es, »im Neutralen – zwischen Sog und Sog« zu bleiben, so oder so aber sei die Gefahr des Untergangs groß.[11]

Thomas Gatzemeier, seinerseits Maler ostdeutscher Herkunft, der 1986 in den Westen ging, schrieb 1990 als Kritiker über die DDR-Kunstszene, ihre Protagonisten seien angesichts der plötzlich unsicheren Lage »in eine Apathie verfallen«; sie würden mit »weitgehend unreflektierte[n] Übernahmen« von Kunstformen des Westens eine »platte Virtuosität« demonstrieren und schließlich in einen öden »Akademismus« rutschen – dies eine Prognose, die damals von vielen Kritikern geteilt wurde.[12] Einige aus dem Westen waren noch viel schärfer in ihrem Urteil, so etwa Siegfried Gohr, im Jahr 1990 Direktor des Ludwig-Museums in Köln, der pauschal unterstellte, Werken aus der DDR seien Kollaboration und Ideologie »wie Gift eingeimpft«.[13] Auch rund zwanzig Jahre später hatte er seine Meinung nicht geändert und hielt Kunst aus der DDR nicht für ausstellenswert, bestehe sie doch nur aus »zeitgebundenen, situationsbedingten und oft epigonalen Werke[n]«.[14]

Das an sich (und nicht erst bei Rauch) schwierige und konfliktgeladene Verhältnis zwischen Künstlern und Kritikern erhielt also ab 1990 eine spezifische Ost-West-Dimension. Diese verstärkte sich im Lauf der Jahre eher noch, und Rauch machte sie immer wieder zum Thema, während umgekehrt er selbst lange fast ausschließlich in der Rolle des »Ost-Künstlers« gesehen wurde. 2006 bekannte er in einem Gespräch mit dem *Spiegel* aber auch, »viel Freude an der Verbalisierung dieser Divergenz« von Ost und West zu haben. Nicht ohne Veteranenstolz beschreibt er, wie er »in den späten Neunzigern« selbst von »jüngeren Kollegen, die abstrakt malten, heftig angegriffen wurde«. Daher »musste ich plötzlich doch wieder die alte Schützengrabenmontur anlegen und zurückfeuern«, stehe für ihn doch außer Frage, dass »die figurative Malerei [...] das Nonplusultra« sei.[15] (1997 klang das übrigens noch entspannter, bekannte Rauch da doch, »mitunter hätte ich nicht übel Lust, mich als abstrakten Maler zu bezeichnen«.)[16]

Genauso aber richtet sich sein Zorn gegen Kritiker und Kuratoren, die Werkformen wie Medien- und Konzeptkunst unterstützen und der Malerei insgesamt nicht viel zutrauen. Dass sich »hinter dem Rücken dieser versammelten Mannschaft die Erde auf[tat]« und nach 1990 sichtbar wurde, was für eine vitale Malerei sich im Osten entwickelt habe, »das werden sie uns bis in alle Ewigkeit drüben übelnehmen«. Tatsächlich erkennt Rauch bei den Verantwortlichen des westlichen Kunstbetriebs, die auch über Großereignisse wie die *Documenta* entscheiden und urteilen, die Tendenz, ihn und seinesgleichen mit dem Label *Neue Leipziger Schule* »pauschal zu diffamieren«, ja als rückständige Maler und bloße Handwerker abzuwerten. Und weiter: »Ich rede jetzt wirklich nicht von Kritik, sondern von regelrechter Feindseligkeit, die sich kritisch tarnt.«[17]

In seinen Ikonografien hinterließ Rauchs Kampf gegen die von ihm grundsätzlich als aggressiv erlebte Kunstwelt zahlreiche Spuren. Dabei fällt wieder eine paradoxe Struktur auf. Einerseits sind die Gegner offenbar so böse und gefährlich, dass die Künstler sich bedroht und zur Verteidigung herausgefordert fühlen. Aus Farbtuben werden daher Handgranaten, aus Pinseln Schlagstöcke, Beile oder Säbel. Andererseits aber malt Rauch die Gegner und Kritiker als mickrig-schwache Gestalten: Gegenüber den oft riesenartig dargestellten Künstlerfiguren sind sie bloße Zwerge, die sich umso lustvoller und erfolgreicher malträtieren lassen.

Sie werden, bemerkt Petra Kunzelmann in ihren Beschreibungen der einschlägigen Gemälde Rauchs, »in einer auf Dauer unzumutbaren Körperlage festgehalten und derart gequält«, ja, erfahren eine »rohe und schonungslose Behandlung«. Einmal, auf dem Bild *Wie gehen Sie mit Kritik um?* (2005), ist ein (wiederum sehr klein geratener) Kritiker sogar kopfüber an einem Balken aufgehängt und »nach der Art von Voodoo-Puppen mit Nägeln gespickt«, nachdem ihm bereits »zuvor die Haut abgezogen« worden war.[18] Kunzelmann deutet das Motiv der Häutung und des Aufhängens als Hinweis auf den künstlerisch oft rezipierten Mythos von Apoll und Marsyas. Letzterer, ein Satyr, forderte den Gott der Künste zu einem Wettstreit auf; er wollte mit einer Flöte über Apoll und dessen Kithara triumphieren. Doch er verlor, und zur Strafe wurde ihm bei lebendigem Leib die Haut abgezogen. Rauch also »stilisiert […] sich selbst zu Apoll [...], während der Kritiker zu einem Mischwesen und der griechischen Mythologie nach zu einem Dämon [...] degradiert wird«. Doch bestätigt Rauch damit nicht nur die für ihn klare Hierarchie zwischen Künstler und Kritiker, zwischen übermenschlichem Genie und nervigem Kleingeist. Da die Auseinandersetzung zwischen Apoll und Marsyas oft auch als »Wettstreit zwischen *high* und *low*« interpretiert wurde, sieht der Künstler sich vielmehr zugleich als Vertreter der Hochkultur an, wohingegen der Kritiker eine seichtere Pop- und Massenkultur repräsentiert.[19]

Damit aber kehrt der Ost-West-Konflikt zwischen Künstler und Kritiker in einer anderen Spielart wieder. Statt nur von figürlicher und abstrakter Malerei zu handeln, geht es in diesem Konflikt auch darum, dass der Ost-Künstler seine Idee von wahrer, hehrer, eigentlicher Kunst gegen den West-Kritiker verteidigt. Im Westen, so der Argwohn, sei die Kunst längst durch Konsum und Kapitalismus trivialisiert und um ihr Eigenstes gebracht worden: bloße Unterhaltung neben vielen anderen Unterhaltungsmöglichkeiten. Und nun solle sie auch im Osten noch kaputtgemacht werden. In dem von Rudij Bergmann 2007 produzierten Film *Neo Rauch – ein deutscher Maler* beklagt der Künstler, »die ›Generation Golf‹ hat ihre eigenen Politkommissare elaboriert«, und er werde »gelegentlich unter Feuer genommen, nur weil ich mich nicht als globalisiertes Mal-Institut zu erkennen gebe«.[20] Was nicht markenförmig smart wie die globale Pop- und Konsumkultur ist, steht Rauchs Wahrnehmung zufolge also unter Verdacht, zu ernst, zu tümelnd, altmodisch schwerfällig zu sein. Dabei gehört er nach seiner eigenen Überzeugung – allem kommerziellen Erfolg zum Trotz – zu den wenigen, die die Kunst vor dem Ausverkauf bewahren, den Kritiker und Kuratoren mit ihrer westlich-profanen Relativierung von Hochkultur betreiben.

6 Kulturkampf

Als ich den *ZEIT*-Artikel schrieb, hatte ich unterschätzt, wie stark Neo Rauch sich selbst inmitten eines Ost-West-Konflikts sieht, der seit 1990 nicht nur nicht überwunden wurde, sondern dessen Ausmaß und Schärfe in den letzten Jahren sogar erheblich gewachsen sind. Erst nach und nach wurde mir in Diskussionen und Gesprächen deutlich, dass *Der Anbräuner* deshalb ein viel heftigeres Bild ist, als innerhalb einer Auseinandersetzung zwischen einem Künstler und einem Kritiker zu erwarten ist, weil Rauch damit vor allem auch spezifisch ostdeutsche Erfahrungen zum Ausdruck bringt. Ich bin für ihn offenbar nicht einfach nur ein Kritiker, sondern in erster Linie ein Kritiker aus dem Westen. Zudem bin ich vor einigen Jahren nach Leipzig gezogen, so als wollte ich nun direkt vor Ort intervenieren.

Verstärkt wurde die Abwehrhaltung sicher dadurch, dass ich 2011 in einer Kolumne in der Kunstzeitschrift *Art* schon einmal kritisch über Rauch geschrieben hatte. Darin brachte ich ihn, provoziert vom Starkult, der damals um ihn veranstaltet wurde, mit Salonmalern des 19. Jahrhunderts in Verbindung. Doch während Letztere opulente Bildentwürfe, starke Gesten und deftige Farben dem Ziel unterordneten, das Publikum mit einer Geschichte zu unterhalten, seien die Kompositionen und Stilmittel bei Rauch prätentiös; ich hielt ihm sogar vor, Bilder im Leerlauf zu produzieren. Das mündete in die Frage, »ob es für Neo Rauch nicht besser wäre, wenn er als Auftragskünstler agieren könnte und feste Themen vorgegeben hätte«.[1] Dies aber konnte so aufgefasst werden, als wollte ich ihn in unfreie DDR-Verhältnisse zurückschicken, ließ sich jedoch mindestens – und nicht ganz zu Unrecht – als ignorante Geste eines typischen Wessis ansehen. An Rauchs DDR-Herkunft hatte ich indes gar nicht gedacht. Zu meiner Frage verleiteten mich vielmehr die von ihm 2007 für eine Seitenkapelle des Naumburger Doms angefertigten Fenster, die Szenen aus dem Leben der heiligen Elisabeth von Thüringen zum Thema haben. Da sie gar nicht verrätselt sind, sondern Elisabeths selbstloses Handeln plakativ-klar würdigen, schien es mir, als könnte es Rauchs Bildentwürfen ganz gut bekommen, für einen festen Ort oder Anlass geplant zu sein.

Noch mehr könnte Rauch missfallen haben, dass ich meine Vorbehalte gegenüber seinen Ikonografien 2016 in meinem Buch *Siegerkunst* wiederholte und die Prognose anschloss, seine Art von Kunst könne nur in einer »Übergangszeit« so großen Erfolg haben: solange seine vormodernen Sujets und Bildräume auf Rezipienten, vor allem auf Sammler träfen, die noch von den Standards der Moderne geprägt seien und die deshalb in Rauchs Gemälden »etwas Frivoles und Riskantes« erblicken könnten. Sollten sich die Geschmackskonventionen der kunstsammelnden globalen Geld- und Machtelite ändern, würde er hingegen vermutlich »sehr bald [...] als langweilig abgestempelt«.[2] Neben dieser despektierlichen Einschätzung dürfte Rauch aber vor allem die Subsumtion seiner Gemälde unter »Siegerkunst« als Provokation empfunden haben. Schließlich widerspricht dies seiner Ansicht, er und andere ostdeutsche Künstler seien vom Westen und dessen Kunstbetrieb überrollt worden, stünden also gerade nicht auf der Seite der Sieger.

Aber generell verkörpere ich mit meinen bevorzugt kunstsoziologischen Argumentationen, die mehr an den gesellschaftlichen Funktionen von Kunst als an werkimmanenten Analysen orientiert sind, für Rauch vermutlich das, was er mit westlicher Oberflächlichkeit assoziiert und als Verrat bewertet: Wird hier nicht viel mehr über Geld als über Kunst geredet? Dazu kommt noch, dass ich seit vielen Jahren für eine Abrüstung des Kunstbegriffs und der mit ihm einhergehenden Rezeptionspraktiken werbe und es ablehne, Kunst einen höheren Wirklichkeitsgrad als anderem – einen ontologischen Mehrwert – zuzusprechen. Außerdem nehme ich die Konsumkultur ernst und analysiere gerne Phänomene aus der sogenannten Massenkultur.

Ein Detail auf Rauchs *Anbräuner* könnte sogar direkt auf diesen Kunst-Agnostizismus hinweisen. Neben den bedrohlich gezackten Brettern, die von der Decke nach unten ragen, gibt es nämlich ein weiteres spitz zulaufendes, dreieckiges Element, das aber nach oben gerichtet ist. Es scheint auf einen Balken montiert zu sein, ist dunkelblau und von einem Nimbus in hellerem Blau umgeben: ein rätselhaftes Ding, das aufgrund seiner Form, Farbe und Position im Bild mehrere kunsthistorische Assoziationen erlaubt. Den Kurator Thomas Trummer erinnert es an Blinky Palermo und dessen Empfehlung, »ein blaues Dreieck über der Tür zu malen«,[3] was wiederum sowohl an Yves Kleins monochrome blaue Gemälde und die damit verbundene Transzendenzverheißung als auch an Sigmar Polkes berühmtes Bild *Höhere Wesen befahlen: rechte obere Ecke schwarz malen* (1969) denken lässt. Wie der in Westdeutschland sozialisierte Polke damit kunstreligiöses Pathos parodiert hat, könnte Rauch seinerseits ihn parodieren und damit entironisieren, zumal er sein blaues Dreieck gerade nicht in die *rechte*, sondern in die *linke* obere Ecke seines Gemäldes platziert hat – hinter dem Rücken des mit seiner schmutzigen Tätigkeit befassten Anbräuners. Für den Journalisten Thomas Assheuer handelt es sich dabei um »ein Symbol des Kosmos«, und den »Witz von Rauchs Replik« auf meinen Artikel sieht er gerade darin, dass ich nicht nur als »Fäkalienmaler, der den Kulturbetrieb mit antifaschistischer Standardware beliefert«, sondern auch als typischer Vertreter der »westdeutschen Kunstszene« dargestellt werde, der »keinen Sinn« für diese höhere, spirituelle Dimension der Kunst habe: »Die kosmische Wahrheit, die Tagesordnung des Ewigen, sieht er [der Kritiker] nicht.«[4] Das Einzige, was für den Kritiker zählt und was er sammelt, so könnte man mit Blick auf Rauchs Bild ergänzen, sind Zeitungen – also das Gegenteil des Ewigen, das Alltäglichste und Profanste, was es gibt.

Ja, eine »kosmische Wahrheit« sehe ich wirklich nicht, kann darin allerdings auch kein Defizit erkennen. Meine egalitäre Einstellung, die Künstlern keine spät- oder neoabsolutistischen Sonderrechte zugesteht, ist zumindest in urbanen und akademischen westdeutschen Milieus meiner Generation weit verbreitet. In Ostdeutschland hingegen begegnet mir immer wieder Befremden über eine solche Haltung. Gerade im Osten sozialisierte Künstler vermissen daran, so mein Eindruck, eine Unbedingtheit im Verhältnis zur Kunst. Ihr Streben danach ist umgekehrt mir unheimlich, das damit verbundene Pathos kommt mir – mal mehr, mal weniger – antiquiert-engstirnig vor. Und es scheint mir, als stamme ihr oft uneingestandener Glaube an eine besondere Autorität der Künstlerfigur, an eine überzeitliche Geltung von Kunst noch aus der Zeit, als sie sich in einem seinerseits autoritären Staat zu behaupten hatten – und nur so behaupten konnten.

Etwas allgemeiner könnte man die Differenzen im Kunstverständnis auch damit erklären, dass in Ostdeutschland keine Postmoderne stattgefunden hat. Dagegen wurden im Westen die von Rauch angesprochene »Generation Golf«[5] und vor allem sehr viele, die in den achtziger Jahren studierten, mit postmodernen

Einstellungen sozialisiert. Wir gewöhnten uns an, mit Vielfalt und Hierarchiefreiheit umzugehen und es zu schätzen, dass man jede These, jede Rangfolge, alles vermeintlich Alternativlose konterkarieren konnte, indem man einen anderen Standpunkt ins Spiel brachte. Der Glaube an Festes und Absolutes schwand, und der Ehrgeiz wuchs, selbst vermeintlich Unumstößliches zu relativieren und nicht länger mit einem Sonderstatus auszuzeichnen. Techniken der Dekonstruktion wurden zur *altera natura*.

Der Sinn für Pluralitäten wurde zusätzlich durch die wohlstandsbedingt immer weiter sich ausdifferenzierende Konsumkultur geschärft, in der fast alles in diversen Varianten im Angebot ist. Abzuwägen, was den eigenen Vorlieben am besten entspricht, aber auch zu erkennen, nach welchen Kriterien ein Produkttyp beurteilt werden kann, gehörte im Westen zunehmend zu den alltäglichsten Beschäftigungen. Die Kriterien betrafen dabei schon bald nicht mehr nur den Preis, die Material- und Verarbeitungsqualität oder die Herkunft des Produkts, sondern immer häufiger auch sein weltanschauliches Profil. Das wiederum war nicht zuletzt Folge der gesellschaftlichen Veränderungen seit den sechziger Jahren, die ihrerseits jedoch vor allem im demokratischen Westen stattfanden. Das antiautoritäre Freiheitsstreben der Hippie-Generation, die Kapitalismuskritik der 68er, Feminismus, Schwulen-, Friedens- und Ökobewegung brachten jeweils lautstark neue

Forderungen und Beurteilungskriterien in die Debatte, die zu diversen Brüchen mit der Tradition führten und so einmal mehr vermeintlich Absolutes relativierten. Und dass jede weitere Bewegung ihre Spuren in der Gestaltung und Vermarktung von Produkten hinterließ, begünstigte die Vervielfältigung des Angebots weiter, ästhetisierte dieses aber zugleich mehr denn je, was wiederum die Rolle der Kunst als tonangebender Geschmacksinstanz minderte. Wer sich all den Ausdifferenzierungen nicht ganz verweigerte, konnte also nicht nur als Intellektueller, sondern bereits als Konsument durch tägliche Übung die eigene Sensibilität für eine zunehmende Anzahl von Kriterien steigern, lernte aber auch, sie spielerisch-ironisch handzuhaben.

War das postmoderne Weltgefühl also direkt an Wohlstand und Freiheit gekoppelt, so hatte sich die ostdeutsche Gesellschaft unter vollkommen anderen sozioökonomischen Voraussetzungen entwickelt. Hier wurde man etwa darin trainiert, in Mangelsituationen zu improvisieren und auf diese Weise eine »ernötigte Flexibilität« jenseits allen Konsums auszubilden, wie der Soziologe Steffen Mau anmerkt.[6] Wichtig war zudem etwa, das Verhalten von Menschen im eigenen Umfeld einschätzen zu lernen, die womöglich als Spitzel tätig waren. Viele eigneten sich auch Taktiken der Vorsicht an, um Konflikte mit dem Staat zu vermeiden, und zu den Kulturtechniken gehörte es ferner, so der Psychoanalytiker Hans-Joachim Maaz, »die Verlogenheit, Heuchelei und Manipulation öffentlicher Verlautbarungen zu erspüren« oder »zwischen den Zeilen zu lesen«.[7]

Entsprechend groß mag das Bedürfnis gewesen sein, jemanden oder etwas zu haben, dem man unbedingt trauen konnte und dem dann auch ein besonderer Platz im eigenen Leben eingeräumt wurde. Verlässlicher als andere Menschen waren für viele aber beispielsweise Bücher der hohen Literatur: als imaginäre Gesprächspartner, die – gerade auch zwischen den Zeilen – Einblicke und andere Sichtweisen bieten konnten, ohne dass Enttäuschung drohte. Genauso waren auch Kunstformen wie Malerei oder Musik Instanzen, die schon seit den Anfängen des Bildungsbürgertums im 18. Jahrhundert, nun aber erst recht weit über allem Alltäglichen angesiedelt waren. Sie bereiteten nicht nur Gefühle von Geborgenheit, sondern fungierten auch fast unangefochten als Sinnstifter, zumal sie in Ländern wie der DDR nicht in Konkurrenz zu zahlreichen Konsumangeboten standen, die ihrerseits als Projektionsflächen für Ideale und Sehnsüchte hätten dienen können.

Der Schriftsteller Ingo Schulze zeichnet in seinem Roman *Die rechtschaffenen Mörder* (2020) am Beispiel der Figur eines Dresdner Antiquars nach, welchen existenziellen, gleichsam religiösen Status Bücher in der DDR hatten, die den Lesern »ein anderes Selbstbewusstsein«, ja »eine andere Daseinsweise«, letztlich sogar Freiheit zu schenken vermochten. Ein Leser »war überall auf der Welt, und er war es zu allen Zeiten«; nach 1990 hingegen musste man plötzlich »einen triftigen Grund« angeben, wenn man lesen wollte, denn »die offene Grenze war wie eine Epoche ununterbrochenen Badewetters, die einen zwang, sich für sein Zuhausebleiben zu rechtfertigen«. Das Geschäft des Antiquars übersteht die neuen Zeiten daher nicht, und geschickt lässt Schulze offen, ob sein Scheitern nicht sogar zu einer politischen Radikalisierung führt. Der seinerseits fiktive Autor, der die Geschichte des Antiquars innerhalb des Buches erzählt, führt an, er wolle damit »den Westlern zeigen, wo wahre Bildung lebte«; zugleich muss er jedoch einsehen, dass die absolute Stellung, die die Hochkultur besaß, »zum Herrschaftswahn, zur Überhebung« prädestinierte. Für den Westen hingegen könnte es zum Bumerang werden, den besonderen Status der Kultur im Osten nicht anerkannt zu haben, hat man doch nach der Wiedervereinigung den Worten von Schulzes Antiquar gerade keine Beachtung geschenkt: »Wenn die Sieger Tempel und Götter der Besiegten achten, dann vielleicht erliegen sie nicht dem eigenen Sieg.«[8]

Tatsächlich wurden Ostdeutsche im Westen oft und bezogen auf nahezu alle Lebensbereiche »als Mängelwesen angesehen und sozial pathologisiert«, wie Steffen Mau bilanziert; man unterstellte ihnen »Modernisierungsdefizite«, und erst recht hätte man ihnen – so wäre zu ergänzen – Postmodernedefizite vorwerfen können.[9] Allerdings wurde in den Jahren nach 1990 insgesamt zu wenig über die mentalen Unterschiede diskutiert, die sich zwischen Osten und Westen im Lauf von vierzig Jahren herausgebildet hatten; vielfach hielt man sie wohl nur für etwas Diffuses und Äußerliches, das sich vor dem Hintergrund einer vielhundertjährigen gemeinsamen Geschichte schnell verflüchtigen würde. Ein bisschen zu viel Ironie da, etwas zu starkes Pathos dort – das schien nicht weiter problematisch. Dabei war aber eine tiefe Kluft entstanden, da man auf der einen Seite gelernt hatte, die Freiheiten des Relativismus zu schätzen, sich auf der anderen hingegen weiterhin nach dem Eigentlichen und Nicht-Relativierbaren sehnte. Pluralismus und Essentialismus sind zwei einander diametral entgegengesetzte Konfessionen, und wer der einen angehört, kann der anderen fast nur mit Unverständnis und dem Empfinden eigener Überlegenheit gegenübertreten.

Selbstverständlich blieben auch etliche Milieus in Westdeutschland – etwa religiös gebundene Konservative – immun gegen den postmodern-egalitären Kosmopolitismus, zu dem dafür umgekehrt viele Bürger der ehemaligen DDR nach der Wende konvertierten. Trennlinien verlaufen also nicht nur zwischen Ost und West, doch wurde gerade im Verhältnis der beiden Teile Deutschlands in den letzten Jahren immer deutlicher, wie schwer eine Brücke zwischen zwei so grundsätzlichen Welthaltungen zu schlagen ist.

Das hat auch damit zu tun, dass viele Angehörige der in den achtziger Jahren im Westen postmodern

sozialisierten Generation mittlerweile in den Chefeta-
gen angekommen sind oder in anderer Weise diskursbe-
stimmende Rollen bekleiden. Gerade kulturelle Ein-
richtungen – von Museen über Rundfunkanstalten bis
hin zu Universitäten – werden oft von Westdeutschen
geleitet, womit ihre Haltung auch viel manifester wird
als noch vor zwanzig oder dreißig Jahren. Dass es ihnen
als Konsumbürgern in Fleisch und Blut übergegangen
ist, nicht zuletzt sich selbst gut zu verkaufen, erleichtert
es ihnen, immer wieder die besten Posten zu ergattern,
was die Dominanz postmodern geprägter Milieus noch
weiter verstärkt.

Bei den massiv unterrepräsentierten Ostdeutschen
sorgt das verständlicherweise für Unmut, der sich durch
andere seit 1990 angesammelte Erfahrungen von Mar-
ginalisierung und Enttäuschung verstärkt. Sie sehen
sich als Opfer des ebenso lauten wie oberflächlichen
Westens, der fast alles überrollt habe, und reaktivieren
dann mühelos ihre bereits zu DDR-Zeiten trainierte
Kapitalismus- und Konsumkritik. Für den Bereich der
Kunst klagte etwa der Dresdner Maler Hubertus Giebe
schon 1997 über »wirksame Selbstdarsteller« aus dem
Westen, während er und seinesgleichen, die an »wirk-
licher Kunst« festhielten, ja, »mit Werken haften, die
auf Dauer zielen«, »in Markt und Mediengesellschaft
nur noch geringe Chancen« hätten. Die »postmoderne
›Endzeitfreiheit‹« sei nicht seine Sache, und er wolle in
seiner Kunst nicht zu »Zeitgeist und Internationalität

gezwungen« sein. Mit einem solchen Bekenntnis, gespeist von »Verwundungen und Verletzungen« und in Abwehr gegenüber der »westliche[n] Siegerpose« formuliert, dürfte Giebe, ein *pictor doctus*, den man sich am liebsten als Stammkunden bei Schulzes Antiquar vorstellen möchte, vielen seiner Künstlerkollegen, ganz unabhängig von ihrer jeweiligen politischen Ausrichtung, bis heute aus der Seele sprechen.[10]

Auch Neo Rauch beschreibt seine Position als eine zwischen zwei konträren Welten. In einem Gespräch aus dem Jahr 2011 sagt er, er erlebe in seiner »inneren Atomstruktur die Einwirkung zweier Magnetpole«. Da sei »zum einen das Programm der Multipolarität, des kosmopolitischen Daseins, des freischwingenden Aufgehobenseins in den globalen Verhältnissen, also das Programm desjenigen, der sich überall einmontieren könnte, wenn es darauf ankäme, weil er mit allen Wassern gewaschen ist, weil er überall war und überall Bescheid weiß«. Etwas von dieser postmodern-flexiblen (westlichen) Lebensform »habe ich ja mittlerweile auch an mir«, bekundet Rauch, um gleich anzufügen: »aber eben nicht in mir«. Dagegen empfindet er den zweiten Pol als den ihm näheren und wichtigeren. Er besteht in der »Rückbesinnung auf das Wesentliche und Eigentliche«, und darauf beginne sich seine »ganze feinstoffliche Struktur zunehmend und konsequent auszurichten«. Weiter spricht Rauch davon, dass er sich nach einer Zeit der Loslösung von diesem zweiten Pol »im Moment des

Wiederangesaugtwerdens nicht als Schwächling [erlebe], sondern als jemand, der einen Ring schließt«.[11]

Darin klingt an, dass sich nach einer Phase von Hoffnung und Neugier, in der eine Annäherung zwischen den unterschiedlichen Konfessionen von Postmoderne und Essentialismus möglich schien, immer deutlicher ihre Unvereinbarkeit zeigt. Damit aber sind auch die Differenzen zwischen ost- und westdeutschem Lebensgefühl wieder spürbarer – und zum Problem – geworden. Rauch dürfte kein Einzelfall sein, wenn er es mittlerweile offenbar sogar als Gewinn empfindet, die Zeiten eines Ausgleichsversuchs zwischen den Polen hinter sich lassen und zu seiner ›wahren Identität‹ zurückkehren zu können.

Rauchs Selbstbeschreibung passt auch zur Diagnose einer wachsenden »Polarisierung« zwischen zwei »Kulturalisierungsregimen«, die der Soziologe Andreas Reckwitz identifiziert hat. Er fasst das eine dieser in den letzten Jahrzehnten dominant gewordenen Regime als »Hyperkultur«, die »Vielfalt und Kosmopolitismus« als »Leitbilder« habe und stark konsumistisch orientiert sei, wohingegen er das andere als »Kulturessentialismus« bezeichnet, für den die jeweils eigene Kultur »de[n] nichthintergehbare[n] Ausgangspunkt« darstelle, wobei »die Geschichte und der Herkunftsort [...] zwei wichtige Pfeiler« seien, die die Identität begründeten. Geht es im Kulturessentialismus letztlich darum, die eigene Identität zu wahren, also um Selbstbehauptung, so ist Kultur nach dem Verständnis des Hyperkultur-Paradigmas immer »Verhandlungssache«, also ein fortwährender Akt neuer Selbstbestimmung im Modus der Veränderbarkeit.

Damit kehren dieselben Unterschiede wieder, die bereits im Zusammenhang mit der Rechtsverschiebung des Autonomie-Begriffs sichtbar wurden, der seinerseits lange vor allem als Selbstbestimmung ausgelegt wurde, heute hingegen vermehrt im Sinne von Selbstbehauptung aufgefasst wird. Reckwitz beschreibt die beiden Kulturregime nicht nur, sondern geht – ohne eigens die aktuelle Lage zwischen Ost- und Westdeutschland anzusprechen – auch darauf ein, wie sie sich zueinander verhalten. Solange sie sich gegenseitig »systematisch missverstehen«, könnten sie durchaus friedlich koexistieren, so seine Einschätzung, doch sobald sie sich »als konträre Weisen des Umgangs mit Kultur wahrzunehmen beginnen«, werde es gefährlich. Sie sähen sich dann nämlich vom jeweils anderen »in ihrer Grundlage bedroht«. Die Folge sei nicht weniger als ein »Kulturkampf«. Dabei »wird der Kulturessentialismus vonseiten der liberalen Kosmopoliten als totalitär« empfunden, während diese umgekehrt »zu einem Symbol des kulturellen Verfalls«, zu Repräsentanten »westlich-liberaler Dekadenz« erklärt würden.[12]

Der Konflikt zwischen Neo Rauch und mir ließe sich nach den Kategorien von Reckwitz wohl schon als Teil eines solchen Kulturkampfs einschätzen. Wie Reckwitz kann man dabei auch auf die herkömmliche Einteilung in rechts und links zu verzichten versuchen und hat mit dem Gegensatz von essentialistischen und pluralistischen Anliegen eine Unterscheidung bei der Hand, die insgesamt genauer passt, sich mit der anderen aber oft noch überlagert.

Spuren des von Reckwitz benannten Kulturkampfs finden sich auch in Uwe Tellkamps 2020 erschienenem Text *Das Atelier*, der in der Form eines kurzen Schlüsselromans in der sächsischen Kunstszene spielt und in dem einer der Protagonisten – der Maler Martin Rahe – stark an Neo Rauch angelehnt ist. Bei ihm habe man es, so der Erzähler, »mit etwas Ernstem und Schwerem« zu tun und mit »einer Kunst, die weniger spielen als eingreifen will«. Damit aber gerät sie in ihrem Essentialismus in das kritische Visier von »Gutwetter-Geschmeidigen«, die »keine wirkliche Not« kennten und die »die Kunst verraten, zur Puppenstube degradiert« hätten, »Finger und Mäntel immer im Wind, daß nur ja jeder Wetterwechsel rechtzeitig erkannt wird«, wie Tellkamp es einen anderen Künstler sagen lässt. Pluralismus und Relativismus werden als Opportunismus und Charakterschwäche ausgelegt, gehe es doch nur darum, »auf Linie [zu] sein« und als »Linienrichter« zu fungieren. Das ist ein zurückhaltenderes Synonym für »Anbräuner«, auf jeden Fall aber ein Begriff für postmoderne Anti-Essentialisten wie mich, die sich nicht nur rückgratlos anpassen, sondern auch »kein Pathos«

ertrügen und es selbst nie riskierten, »aufs Große Ganze« zu gehen. Wer dies hingegen doch noch wage, bekomme »Dresche« von ihnen, »die bei allem, was nicht durchironisiert ist, gleich den gereckten Arm sehen«.[13]

Wird der einen Seite also unterstellt, schnell mit einem Totalitarismus- oder Nazi-Vorwurf zu kommen, so unterlässt es die andere – die des Erzählers – nicht, ihrem Gegenüber »Dekadenz« vorzuwerfen und in typisch essentialistischem Kulturpessimismus den Untergang zu prophezeien. Fehlt es mir und meinesgleichen nicht an Sehnsucht nach Härte, Entschiedenheit, existentiellen Situationen? Haben wir – wie ich oft westdeutsche Wehrdienstverweigerer – überhaupt ein »Verhältnis zum Militär und zum Soldatentum«? »Ohne Soldatentum« aber gebe es, wie Tellkamp Martin Rahe ausführen lässt, »keine der [...] als so wichtig erachteten künstlerischen Leistungen«, weder »die Sixtinische Kapelle« noch »die Bachsche und Mozartsche Musik«. In Rahes Atelier treffen sich dann auch der Erzähler und der Galerist des Künstlers, um gemeinsam »mit Luftdruckpistolen auf Zielscheiben [zu schießen], denen Rahe die Gesichtszüge seiner Lieblingsfeinde gegeben hat«. Malen und kämpfen sind für einen echten Künstler also dasselbe. Dabei scheint die Wahl der Waffen ziemlich beliebig zu sein, fasst Tellkamps Erzähler die postulierte Gewaltsamkeit der Kunst an anderer Stelle doch mit den Worten zusammen: »Eine Staffelei sieht von der Seite wie eine Guillotine aus.«[14]

7 Revolutionäres Bewusstsein und (de)kolonisierte Kunst

Schon 2011 warnte Neo Rauch im Vokabular eines nahenden Kulturkampfs vor »einer Kritik, die ideologisch motiviert ist« und daher »eliminatorische Zielsetzungen hat«.[1] Deshalb stellt es für ihn wohl auch einen Akt der Notwehr dar, seine Gegner, die er an den Hebeln der Macht wähnt, zu karikieren und zu schmähen. Haben das herrschaftskritische und deswegen bedrängte, unterdrückte Geister nicht zu allen Zeiten gemacht? Sollte daran etwas schlimm, nicht legitim sein?

Vermutlich sieht Rauch den *Anbräuner* selbst also in der Tradition sozialkritisch-politischer Kunst. Wenn Goya die Mächtigen als Esel darstellt oder wenn George Grosz Kapitalisten, Militaristen und Kleriker auf seinem Bild *Die Stützen der Gesellschaft* (1926) als feist-verquollene, stiernackige Gestalten malt, einen mit Nachttopf auf dem Kopf, einen anderen mit aufgeschnittenem Schädel, aus dem ein Haufen Kot quillt, dann stiften sie als Künstler die Feindbilder, in denen die Kritik an den bestehenden Verhältnissen am schärfsten zum Ausdruck kommt. *[Abb. 3]* Sie wollen Gleichgesinnte mobilisieren und bei anderen möglichst viel Abscheu über die herrschenden Zustände erzeugen; ihre Werke sollen als Medien der Agitation fungieren.

Der französische Kulturwissenschaftler Claude Gandelman hat ausgeführt, dass vor allem während der Reformation sowie im Zuge der Französischen Revolution die Aufständischen ihre mächtigen Gegner mit Bildern herabzusetzen versuchten, auf denen sie diese beim Koten oder in unmittelbarer Assoziation zu Exkrementen zeigten.[2] Symbolisch wollte man damit signalisieren, dass die herrschenden Zustände skandalös falsch, im wörtlichen Sinne verkehrt sind: Wo Kopf und Verstand dominieren sollten, regierte der Hintern.[3] Reformatoren und Revolutionäre begriffen sich entsprechend als diejenigen, die die wahre Ordnung wiederherstellen – und die das säubern, was von den Herrschenden beschmutzt worden war. Dazu aber müssten diese zuerst gestürzt und zum Verschwinden gebracht werden, und dazu habe man die Guillotine gebraucht.[4]

Auch Tellkamps Staffelei-Guillotine-Vergleich zeugt also vermutlich von einer Sehnsucht nach Revolution, wohingegen die Ikonografie von Rauchs *Anbräuner* vor allem darauf abzielt, den Gegner als ehrlose Gestalt darzustellen, die das Recht auf gesellschaftliche Akzeptanz, auf Schutz und Unversehrtheit verwirkt hat. Und vielleicht gibt es dafür sogar ein direktes Vorbild. So wurde der Schriftsteller Émile Zola am Ende des 19. Jahrhunderts von einem anonymen Karikaturisten ebenfalls als jemand dargestellt, der mit Kot schmiert. *[Abb. 4]* Die Zola-Figur beschmutzt eine Landkarte Frankreichs und wird noch direkter zum Vaterlandsverräter erklärt, da der Nachttopf, aus dem sie sich bedient, mit den Worten »Caca international« beschriftet ist.[5] (Im Vergleich zu dieser Karikatur habe ich übrigens geradezu Glück gehabt, wurde Zola doch zudem der Körper eines Schweins verpasst.) Auch dieses Blatt erschien im Zuge eines Kulturkampfs, der in Frankreich zwischen militant-nationalistischen und eher linken Milieus tobte, nachdem der Offizier Alfred Dreyfus unter zweifelhaften Umständen wegen Landesverrats verurteilt worden war. Zola ergriff Partei für Dreyfus und protestierte gegen dessen Ankläger in einem berühmt gewordenen Offenen Brief, durch den er selbst ins Zentrum der Auseinandersetzungen geriet und sich bei Konservativen und Rechten viele Feinde machte, die ihn am liebsten verbannt hätten und ihre schmähenden Phantasien daher in Karikaturen wie dieser auslebten. (Nach der Veröffentlichung des *Anbräuners* in der *ZEIT* deutete ein Kommentator die drei Beine des Kotmalers sowie die drei Füße des Leibstuhls auch als kalauernde Anspielung Rauchs auf die Dreyfus-Affäre.)[6]

Dass Rauch sein Gemälde in Dimensionen von Kulturkampf und Revolution rückt, Kritik in diesem Fall also gerade nicht als »Dackelbiss« abtut, mag bezogen auf seine Person davon zeugen, wie wenig er sich globaler Anerkennung und Markterfolgen zum Trotz als ›Sieger‹ sehen kann. Vielleicht haben die Erfolge und das viele Geld sogar ihrerseits bedrohlich auf ihn gewirkt, da sie ihn zu stark von seinem Heimat-Pol entfernt haben. Der so genährte Eindruck, die eigene Identität sei gefährdet, dürfte jedoch auch das Resultat anderer Erfahrungen sein, die nicht nur Rauch, sondern die ganz ähnlich viele ehemalige DDR-Bürger seit 1990 gemacht haben. Damit aber lassen sich der *Anbräuner* und seine aggressive Ikonografie als das Dokument einer Bilanz interpretieren, mit der Rauch bei Weitem nicht nur für sich spricht und keine rein kunstspezifischen Belange artikuliert. Vielleicht sieht er sich sogar in der Rolle des mutigen Kämpfers, der dadurch, dass er einem Feindbild Gestalt verleiht, insgesamt zur Zuspitzung einer schon gereizten Stimmung beitragen und so Veränderungen, Umbrüchen oder gar wirklich einer Art von Revolution zuarbeiten kann. Drei Jahrzehnte nach der Wiedervereinigung trifft man jedenfalls bei vielen Ostdeutschen auf die Überzeugung, es bräuchte so etwas wie eine zweite »Wende«, durch die sie erst wirklich (oder wieder) zu Freiheit gelangen könnten.

Dabei sind Spannungen zwischen Ost- und Westdeutschland grundsätzlich nicht neu, entwickelte sich doch bereits in den ersten Jahren nach der Wiedervereinigung etwa der Topos vom Westen als einer Kolonialmacht – und entsprechend die Forderung nach einer Dekolonisierung des Ostens. »Für viele plausibel« habe der Kolonialismus-Vergleich schon »in den Neunzigerjahren die Runde« gemacht, bemerkte Durs Grünbein im Rückblick.[7] Steffen Mau hält ihn für »begrifflich irreführend und unlauter«[8], die Soziologin Yana Milev spricht hingegen nicht nur von einer »neudeutschen Kolonialgeschichte«, sondern gelangt sogar zu der provokanten These, dass vonseiten des Westens eine »Unterlegenheit des ›Ostlers‹«[9] behauptet, somit also »der Kolonialismus über rassische Minderwertigkeit neu aufgelegt«[10] werde.

In den letzten Jahren wurde der Kolonialismus-Vorwurf aber vor allem durch den Intendanten der Berliner Festspiele Thomas Oberender neu und ernsthaft in die Diskussion eingebracht. Für ihn wird »die jahrhundertelange Kolonialisierung von Afrika, Amerika oder Indien […] in ihrer Grausamkeit und historischen Dimension nicht relativiert, wenn vom Patronat der alten BRD über die sich auflösende DDR die Rede ist«, sei diese doch wie ein »Entwicklungsland« behandelt worden, das eine »fundamentale Enteignung von der eigenen Geschichte« erfahren musste. Schon »die Rede vom ›Fall der Mauer‹ entspricht dabei einer sich als unschuldig empfindenden Redeweise der Sieger«, verleugne sie doch, dass es den DDR-Bürgern aus eigener Kraft gelungen sei, sich von ihrem Regime zu befreien. Aber insgesamt tauchten im wiedervereinigten Deutschland die Erfahrungen, Leistungen und Weltsichten der Bürger der ehemaligen DDR nicht auf: »als hätte es dieses Land nie gegeben«.[11]

Speziell für den Umgang mit bildender Kunst hat der Kunsthistoriker Paul Kaiser die gleiche Diagnose gestellt. Mit Blick auf die 2017 neu präsentierte ständige Ausstellung der Galerie Neuer Meister im Dresdner Albertinum bemerkte er: »Sollte fortan ein Tourist durch die einst der ostdeutschen Kunst vorbehaltenen Räume flanieren, könnte er auf die Idee verfallen, dass es die DDR nie gegeben habe«. Tatsächlich wurde ein Großteil der in der DDR entstandenen Malerei ins Depot verbracht und die Ausstellung am westlichen Kanon der Klassischen Moderne orientiert. Für Kaiser bedeutet das eine Fortsetzung und Steigerung der »kolonialen Attitüden«, die schon seit den neunziger Jahren zu beobachten gewesen seien, es stelle aber auch einen Rückfall dar, habe man doch andernorts bereits zu lernen begonnen, »dass jene beiden, oft als verfeindet dargestellten deutschen Kunstentwicklungen Teil einer gemeinsamen Kunstgeschichte sind« und man Ost und West nicht bloß als »Koordinaten einer politischen Kampfästhetik zwischen Abstraktion und Figuration« verstehen könne.[12]

Kaisers Kritik (wohlgemerkt nicht parteipolitisch begründet oder codiert) löste eine Debatte aus, die auch über den Bereich der Kunst hinaus als beispielhaft für den neuen Ost-West-Konflikt angesehen werden kann. Zugleich stand sie an Heftigkeit kaum jener nach, welche 1999 die Ausstellung *Aufstieg und Fall der Moderne* provoziert hatte, die Teil des Programms der damaligen europäischen Kulturhauptstadt Weimar war. Diese Ausstellung kann als der Höhepunkt eines unsensiblen, kolonialistisch-westdeutschen Blicks auf die Kunst der DDR-Zeit gelten, wurden doch mehrere hundert Werke ohne jegliche thematische Gliederung eng an eng in mehreren Reihen und zudem vor grauer Plastikfolie gehängt, die an Müllsäcke erinnerte. Es sah also so aus, als habe der (westdeutsche) Kurator Achim Preiß die DDR-Kunst komplett entsorgen wollen, wogegen einige Künstler sich wehrten und ihre Werke zum Teil eigenhändig abhängten. (Neo Rauch wurde damals übrigens mit den Worten zitiert, er wolle sein Bild »aus diesem Internierungslager für Kollaborateure« befreien.)[13]

Zwar wurde man infolge des Skandals vorsichtiger und behandelte die Kunst aus dem Osten fortan – etwa 2009 in der Ausstellung *Kunst und Kalter Krieg. Deutsche Positionen 1945–1989* im Deutschen Historischen Museum – grundsätzlich gleichrangig zu der aus dem Westen. Doch da auch in ostdeutschen Museen viele Führungskräfte nach wie vor aus dem Westen stammen, kommt bei Ankäufen und Hängungen Kunst aus der Zeit der DDR immer noch oft zu kurz.

Im Zuge des von Paul Kaiser ausgelösten Streits wurde daher 2017 nicht zuletzt thematisiert, dass Hilke Wagner, die Direktorin des Dresdner Albertinums, sowie ihre Chefin Marion Ackermann, die Generaldirektorin der Staatlichen Kunstsammlungen Dresden, aus dem Westen stammen. Der Vorwurf lautete, sie würden die Kunstgeschichte einem westlichen Blickregime unterordnen, zumindest aber zu wenig Interesse für die lokale Kunstentwicklung aufbringen. Ackermann musste ausdrücklich dementieren, dass das Ausstellungskonzept Folge einer »konformen Westverschwörung« sei, kam aber gegen einen zunehmend identitätspolitisch gespeisten Argwohn kaum an.[14]

Der Einbruch im Dresdner Grünen Gewölbe zwei Jahre später vergiftete die Atmosphäre noch weiter. Nun wurde Marion Ackermann immer wieder – offen oder verdeckt – unterstellt, als Westdeutsche habe sie zu wenig Verständnis für die Kunstschätze, die die sächsische Identität ausmachten. Dass sie auf einer Pressekonferenz das vorsichtige Verhalten des Wachpersonals mit dem Argument begründete, »das Menschenleben geht immer vor«, wurde ihr nicht nur als Geringschätzung der hehren und teuren Kunst ausgelegt (tatsächlich kommt darin einmal mehr zum Ausdruck, dass Kunstwerke, anders als zu Zeiten des romantisch-idealistischen Kunstbegriffs, nicht mehr absolut über Menschen stehen). Vielmehr erklärte man den Raub auf rechten Blogs zugleich zum »Sinnbild für den Zustand unseres Landes«, in dem generell (vermeintlich) »kostbare Menschenleben« (selbst das der Mitglieder von »Diebesbanden«) über »unsere Traditionen, Wertvorstellungen und unsere Identität« gestellt würden; infolge dieses »vom Staat propagierten optimistischen Menschenbild[s]« und der »Selbstaufgabe« sei man der Überfremdung und Islamisierung letztlich wehrlos ausgeliefert.[15] Doch auch in weniger heftigen Versionen des Vorwurfs einer Mitschuld an dem Diebstahl wurde eigentlich immer ein »Verrat der Wessis« beklagt.[16]

Die Entwicklung derartiger antiwestlicher Affekte sowie das Beharren auf einer eigenen Identität – die Steigerung und Verfestigung kulturessentialistischer Überzeugungen – lassen sich als nächste Stufe der Reaktion auf Kolonialisierungserfahrungen deuten. In einem Akt der Selbstbehauptung werden dabei die üblichen Zuschreibungen umgedreht. Nun definiert man die Westdeutschen statt über ihre Stärke über Defizite – über das, was sie angeblich nicht erkennen können und wozu sie zu schwach sind – und demonstriert zugleich Stolz auf das Eigene und eine typisch ostdeutsche, sächsische oder gar Dresdner Identität (was Ackermann im Gegenzug wiederum als »Identitätsgroteske« kritisierte).[17]

Daraus lässt sich auch eine größer angelegte Erzählung über Kunst in Ostdeutschland ableiten, deren Verbannung aus den Museumsräumen dann nicht mehr als Geste westlicher Überlegenheit, sondern als Zeichen der Unsicherheit und Überforderung derer gewertet wird, die zwar die Führungspositionen einnehmen, aber nur noch überkommene West-Standpunkte verwalten. Dass »westdeutsche Modernitätseuphoriker als Museumsleiter [...] im Albertinum die DDR-Malerei vollständig ins Depot entsorgten«, erscheint dann sogar als ein neidgetriebener Akt der »Rache«. So habe es einen »Eklat für die westdeutsche Kunstszene« bedeutet, dass sich »nach der Wende« eine »Leipziger und Dresdener Malerschule zeigte, deren zeitgenössische Vertreter mit ihren Arbeiten weltweit ein frappiert-beglücktes Staunen« geweckt hätten. Im Westen hingegen sei die Kunst schon in den Jahrzehnten des Kalten Kriegs den »Tendenzen zur Selbstauflösung und Abschaffung« erlegen. Dafür habe die DDR ihr einen »Schonraum« geboten; fernab eines aggressiven Kunstmarkts – fernab von Konsumismus und postmodernem Pluralismus – konnte sie überleben; nun sei es der Plan des Westens, sie nachträglich zu entwerten.

Solche Aussagen liest man – in Verbindung und Zuspitzung einiger auch aus Rauch-Interviews bereits bekannter Motive – auf den Seiten der Online-Galerie des Verlags Manuscriptum. Sie beansprucht, die »gegenständliche Malerei« zu fördern – als Protest gegen »die moderne und damit abstrakte Malerei«, die »das anschauliche Denken« zunichtemache.[18] Hier wird aber nicht nur einmal mehr die alte Kontroverse zwischen figürlicher und gegenstandsloser Malerei beschworen, sondern das antimodernistische Kunstangebot – mit einem Künstler wie Axel Krause im Programm – erfährt auch eine klare politische Fixierung. So ist Manuscriptum der Verlag von durchwegs rechten Autoren, etwa von Björn Höcke, Alexander Gauland, Akif Pirinçci und Michael Klonovsky. Dass die meisten von ihnen ebenso wie Verlagsgründer und -inhaber Thomas Hoof Westdeutsche sind, scheint zwar nicht zum ostdeutschen

Selbstbehauptungsnarrativ zu passen, ist aber vielleicht ein Indiz dafür, dass dieses auch erst durch eine gezielte Instrumentalisierung von außen so oft eine politisch eindeutig rechte Ausprägung angenommen hat. Die Kolonisierungserfahrungen und Dekolonisierungshoffnungen vieler Ostdeutscher, die sich zuerst noch in einem weitgehend vorpolitischen Raum entwickelten, zumindest aber nicht parteipolitisch gebunden waren, werden auf diese Weise sekundär politisch aufgeladen, verbinden sich dabei aber auch mit anderen Topoi, was ihnen ungeahnte Brisanz verleiht.

Die großen Erfolge der AfD in den Ländern der ehemaligen DDR verdanken sich auch dem Umstand, dass sie besser als andere Parteien jene Kolonisierungserfahrungen aufgegriffen hat. Zwar hat sie keine Lösungen zu bieten, gibt aber dem Frust über den Westen Ort und Stimme. Dabei ist nach Auffassung einiger – so etwa der Journalistin Jana Hensel – schon die Pegida-Bewegung, obwohl vordergründig wegen einer befürchteten Islamisierung gegründet, »de[m] Ost-West-Konflikt« als »de[m] eigentlich zentralen Konflikt« entsprungen. Dieser Konflikt sei der »entscheidende Brandherd«, zugleich ließen sich die »innerdeutschen Ressentiments« als »eines der größten Tabus unserer Gesellschaft« ansehen.[19]

Gemäß dieser Ressentiments wird der Westen – etwa von Björn Höcke – als »schuldbeladen, dekadent und selbstbehauptungsunfähig« beschrieben; Konsum und

Amerikanismus, vor allem aber das Bekenntnis zu Multikulturalismus hätten die deutsche Identität zersetzt.[20] Es gelte also, das Gute und Echte zu retten, das (wie die wahre Kunst) allein im Osten überlebt habe. Gerne wird von Vertretern der AfD oder anderen rechten Strömungen auch unterstellt, der Westen sei bereits zu einem islamisch-multikulturellen »Kalifat« verkommen, allein im Osten gebe es noch – ein seinerseits zunehmend bedrohtes – Deutschland. Letztlich geht vom Westen also doppeltes Unheil aus, ist er aus Sicht des Ostens doch nicht nur eine brutale Kolonialmacht, sondern ebenso Brutstätte von Niedergang und Zerfall. Die beliebte paradoxe Denkfigur, dasselbe zugleich als übermächtig und schwächlich zu beschreiben und sich damit doppelt davon zu distanzieren, kehrt hier also verschärft wieder.

Ostdeutsche Selbstbehauptung besteht in ihrer politisiert rechten Spielart aber nicht nur darin, den zuerst als Aggressor erfahrenen Westen als mickrig zu verachten, vielmehr zeigt sie sich auch daran, dass man despektierliche Etikettierungen, die im Westen für den Osten gefunden wurden, demonstrativ übernimmt, um sie positiv zu wenden. So macht seit einigen Jahren etwa der Begriff »Dunkeldeutschland« Karriere bei Rechten im Osten. In den Jahren nach 1990 im Westen entstanden, um Befremden über die zum Teil verfallenen und verlassenen, bei Nacht weder von Schaufenstern noch von hellen Laternen beleuchteten Orte der Ex-DDR auszudrücken, wurde »Dunkeldeutschland« 1994 sogar als »Unwort des Jahres« nominiert, da man darin eine »sprachliche Demütigung« erkannte. Später jedoch war der Begriff fast in Vergessenheit geraten. Erst 2015 erlangte er wieder Aufmerksamkeit – durch eine Äußerung des damaligen Bundespräsidenten Joachim Gauck, der bezogen auf den Umgang mit Flüchtlingen zwischen einem »hellen Deutschland« voller Hilfsbereitschaft und einem fremdenfeindlichen »Dunkeldeutschland« unterschied.[21] Obwohl Gauck damit nicht speziell Ostdeutschland meinte, wurde es in Erinnerung an die Vorgeschichte des Begriffs vielfach so interpretiert.

Auf die zuerst ästhetisch-ökonomische, dann moralische Disqualifizierung reagierten einige aber mit Trotz und Stolz – verwendeten »Dunkeldeutschland« selbst zuerst einfach nur mit Sarkasmus, erweiterten dann aber seine Bedeutung, sodass darin mittlerweile auch romantischer Ernst, deutscher Wald, antiaufklärerische Sehnsucht und metaphysische Schwermut – Topoi des Essentialismus – mitklingen. In seinem Buch *Unterwegs in Dunkeldeutschland* (2017) schildert der rechte Autor und Künstler Sebastian Hennig (auch er ein Beispiel in meinem *ZEIT*-Artikel) Wanderungen durch das Gebiet der ehemaligen DDR, beschreibt dabei die oft fast verödeten Landstriche und in ihrer Infrastruktur geschwächten Ortschaften, erlebt die wenigen Menschen dort, die allgemein als »die Loser« eingeschätzt werden, jedoch als »Gewinner der Wirklichkeit«. Sie seien eben gerade »keine gezähmten Konsumenten, sondern skrupellose Nutznießer des Schönen«, »tieferes Erleben« und nicht bloß »animiertes Erlebnis« präge sie.[22] Einmal mehr erscheint der Osten so als das eigentliche, das bessere und wahre Deutschland.

Mit »Dunkeldeutschland« ist es also wie mit »Sans-culottes« oder »Impressionismus«: Ein von Kritikern pejorativ gemeinter Begriff – eine Fremdzuschreibung – wird von denjenigen, die damit zunächst abgewertet wurden, affirmativ aufgenommen und ins Positive gewendet. Diese Praxis einer semantischen Umkehrung aber zeugt von revolutionärem Empfinden und Anspruch. Auf diese Weise soll das Falsche, gegen das man sich wehrt, als solches – vielleicht sogar als Skandal – präsent bleiben. Man besetzt es jedoch neu, so als sei damit auch bereits eine Korrektur der Machtverhältnisse eingeleitet. Der angeeignete Begriff wird zur Trophäe erfolgreicher Selbstbehauptung.

8 DDR 2.0

Auch ehemalige DDR-Bürger, die nicht so weit gehen, den Westen als kolonialistischen Aggressor zu beschreiben, fühlen sich in der Bundesrepublik, der sie formal seit 1990 angehören, oft fremd, nicht repräsentiert und abgewertet. Daher wird ihre Situation auch mit der von

Migranten verglichen, die ebenfalls damit konfrontiert sind, schlagartig ihr gewohntes Leben hinter sich lassen und sich neuen Strukturen anpassen zu müssen. So fordert die sächsische Staatsministerin Petra Köpping mit dem Titel ihres 2018 publizierten Buchs *Integriert doch erst mal uns!*, Ostdeutsche sollten ähnlich wie Einwanderer – und damit zuerst einmal als Fremde – behandelt werden. Die Soziologin Naika Foroutan hat die Ähnlichkeiten zwischen Ostdeutschen und Migranten näher analysiert und dabei nicht zuletzt Verlusterfahrungen in den Blick genommen. Sie führten etwa, so ihre Beobachtung, zu einer »Verschönerung der Erinnerung« und weiter zu einem »Festhalten an einer idealisierten Vergangenheit«.[1] Das wiederum dürfte einerseits kulturessentialistische Empfindungen begünstigen, andererseits aber dazu verführen, die eigene neue Lebenssituation in den Kategorien des Herkunftslandes wahrzunehmen, das dann leicht als die bessere Version des Landes erscheint, in dem man gegenwärtig lebt.

Tatsächlich befürchten viele ehemalige DDR-Bürger – wohl auch aufgrund der von ihnen trainierten Kulturtechniken, zu denen Misstrauen gegenüber Eliten und Medien gehört – viel schneller als etwa Westdeutsche eine Einschränkung von Freiheitsrechten oder staatlich betriebene Restriktionen. Daraus ist in den letzten Jahren ein neuer Topos entstanden, auf den auch in den bereits zitierten Interviews mit Neo Rauch immer wieder angespielt wird. Dieser Topos besteht in der Diagnose, die aktuelle Bundesrepublik habe Züge einer »DDR 2.0« angenommen. Wie verbreitet eine entsprechende Einschätzung ist, zeigte sich bei den ostdeutschen Landtagswahlen 2019, als die AfD ihre hohe Zustimmung gerade auch Slogans wie »Vollende die Wende« oder »Wende 2.0« verdankte, womit spezifisch ostdeutsche Erfahrungen jedoch gleich wieder mit herkömmlichen politischen Kategorien verknüpft wurden.[2]

Mittlerweile ist der DDR 2.0-Topos auf jeden Fall viel wirkmächtiger als Kolonialismusvorwürfe oder Migrationsthesen, vermutlich auch deshalb, weil er die Ostdeutschen nicht als defizitär und unterlegen, nicht in einer Opferposition erscheinen lässt, sondern ihnen sogar einen Erfahrungsvorsprung gegenüber den naivverwöhnten Westdeutschen unterstellt. Anders als diese habe man feine Antennen für Formen von Unterdrückung und Überwachung, wisse aber auch, wie man sich erfolgreich gegen einen übermächtigen Staat auflehnen könne.

Die zum DDR 2.0-Topos gehörende Behauptung, die Freiheit sei bedrohter als noch vor zehn oder zwanzig Jahren, man dürfe immer weniger sagen, und der »Gesinnungskorridor« werde zunehmend enger, ist häufig darauf zurückzuführen, dass sich weniger die geäußerten Ansichten geändert haben als die öffentlichen Reaktionen darauf. Fremdenfeindliche, chauvinistische oder misogyne Sprüche oder das N-Wort waren schon vor oder direkt nach 1990 weit verbreitet, vermutlich sogar viel verbreiteter als heute, galten aber gerade deshalb in etlichen Milieus nicht ausdrücklich als politische oder diskriminierende Aussagen. Dazu wurden sie erst, nachdem vor allem die postmodern-pluralistisch ausgerichteten Milieus ihren politisch-moralischen Standpunkt offensiver vertraten und nicht mehr über das hinweghörten, was sie anfänglich noch als kulturelle Differenz zwischen den beiden deutschen Hälften toleriert, aber auch als bloßes Übergangsphänomen eingeschätzt haben mochten. Zunehmend markierten sie ihre abweichenden Auffassungen, womit die betreffenden Themen vermehrt in die Diskussion gelangten und es schließlich kaum noch vermeidbar war, die Meinungsunterschiede auch politisch zu verorten. Damit aber ist das, was zuerst eine übliche unwidersprochene Äußerung war, immer häufiger ausdrücklich als rassistisch, sexistisch, minderheitenfeindlich und damit auch als reaktionär und rechts bezeichnet worden. Und da mit dieser Einordnung oft eine deutliche Disqualifizierung einhergeht – gerade sofern westdeutsche »Kolonialisten« sie vornehmen –, fühlen viele Ostdeutsche sich umso mehr unter Druck gesetzt und diskriminiert.

Liegt es dann aber nicht nahe, mit einer Partei oder wenigstens mit politischen Strömungen zu sympathisieren, die eine solche Disqualifizierung als DDR-artige Einschränkung der Meinungsfreiheit verurteilen und zugleich das Gefühl vermitteln, so schlimm sei das, was man sagt und denkt, überhaupt nicht? Je mehr man sich aber einer Partei wie der AfD annähert, desto eindeutiger werden sowohl die Meinungen, die man ja wohl noch äußern dürfe, als auch die DDR-Vergleiche, oft verbunden mit Kritik an öffentlich-rechtlichen Medien und »Lügenpresse«, als rechts markiert. Und damit erscheint auch plötzlich jemand als rechts, der sich selbst so nie verortet hätte. Schon ein paar Äußerungen, die der sogenannten *political correctness* entgegenstehen, können als Reizworte genügen, als Erkennungszeichen für eine Gesinnung, die als solche ziemlich unverändert geblieben sein mag, die mittlerweile aber nicht mehr vorpolitisch ist, sondern von denen, die sie kritisieren, sogar als hochpolitisch empfunden wird.

Damit aber gerät man in einen Teufelskreis. Immer mehr Menschen sehen sich strenger als früher behandelt, erkennen einen »Gesinnungskorridor«, erleben sich selbst in einem solchen und fühlen sich zum Teil sogar unterdrückt. Zumindest einige schließen sich daher der AfD an, die auf diese Weise wächst, weshalb deren Anhänger auch noch stärker bekämpft und noch öfter als rechts bezeichnet werden. Dadurch aber sehen noch mehr Bürger ihre Meinungsfreiheit bedroht und identifizieren sich umso eher mit dieser Partei, die den Konflikt mit Vokabeln wie »Altparteien«, »Haltungsjournalismus« oder »Staatsfunk« geschickt weiter anheizt. Sie (und allein sie) profitiert also von diesem Teufelskreis, und je mehr weitere Themen und Topoi sie fest miteinander verknüpft und politisch in Beschlag nimmt, desto mehr Reizworte, ja desto mehr Anlässe schafft sie, damit jemand als rechts etikettiert wird, sich deshalb aber auch disqualifiziert fühlt und fortan ebenfalls in der AfD seine politische Heimat zu finden glaubt. Und wer dort erst einmal ist, findet nur schwer wieder zurück und wird vielleicht auch andere parteitypische Ansichten annehmen, sich politisch weiter verhärten oder sogar radikalisieren.

Es ist sehr schwer, diesen Teufelskreis zu durchbrechen. Das wurde mir infolge der Rezeption meines *ZEIT*-Artikels deutlich. Als ich ihn schrieb, hatte ich unterschätzt, welche Signalwirkung es haben würde, dass ich als westdeutscher Kritiker in einer Wochenzeitung westdeutscher Provenienz ausschließlich ostdeutsche Künstler als Beispiele für meine Rechtsruck-These heranziehe. Damit ließ sich mein Artikel als erneuter Beleg für die Absicht lesen, mit westlicher Arroganz einen »Gesinnungskorridor« zu errichten, was die in Ostdeutschland ohnehin schon größere, allmählich etablierte Sympathie für rechte Positionen einmal mehr steigerte. Mir war zwar bewusst, wie schnell das Etikett »rechts« weniger als sachliche Einordnung denn als Versuch der Stigmatisierung begriffen wird, war aber zu optimistisch in meiner Annahme, ich könnte das allein dadurch vermeiden, dass ich mich offenkundig wertender, moralisierender Bemerkungen enthalte. Dafür sind die Diskurse offenbar schon zu festgefahren.

Wer Parteien wie der AfD nicht weiter zuarbeiten will, sollte also zurückhaltend sein, etwas oder jemanden als »rechts« zu etikettieren. Auf jeden Fall aber sollte man den jeweiligen individuellen Erfahrungsraum, aus dem sich politische Reizvokabeln speisen, immer möglichst sorgfältig beachten. Bei manchen, die mangelnde Freiheit beklagen und die gegenwärtigen Verhältnisse mit denen in der DDR vergleichen, wirken ja vielleicht wirklich traumatische Erlebnisse mit der ehemaligen Staatsmacht nach. Dann kann selbst ein relativ geringes Maß an Anpassungsdruck bereits massive Ängste wecken. So warnen gerade etliche ehemalige Bürgerrechtler und Dissidenten der DDR besonders deutlich vor einer DDR 2.0 – zum Teil als politisch unabhängige Bürger, zum Teil schon von einer neuen (rechten) politischen Heimat aus.

Prägungen in der eigenen Biografie dürften etwa bei Christoph Tannert, einem der besten Kenner ostdeutscher Kunst und zu DDR-Zeiten strikt auf Oppositionskurs, dazu geführt haben, dass er 2019 seine Erfahrungen als Kurator mit den Verhältnissen im Kunstbetrieb im Sozialismus – und sogar mit denen in der UdSSR unter Stalin – verglich. Damals hätten die Künstler »die Massen mithilfe der Literatur des ›sozialistischen Realismus‹ auf Parteilinie […] bringen« müssen. In der DDR habe es dann »Einstufungskommissionen und Zensurbehörden [gegeben], die normierten und überprüften«, was »noch als konform gelten konnte«;

so seien neben die »Propagandakunst [...] viele verschreckte Nischenproduzenten« getreten. Mittlerweile aber werde »auf moralisch korrekte Gesinnung geachtet«, die Sprache habe sich »unter dem Druck von Politik und Moral zu wandeln«, und »Künstler*innen und Kunstszene überwachen einander in stetig zunehmender Gereiztheit bei der Einhaltung der Sittsamkeitsregeln der ›Political Correctness‹«. Weiter beklagt Tannert »totalitäre Vereinnahmungsversuche«, die der Kunst schadeten.[3]

Doch was für ein Signal wäre es, Tannert nur wegen seiner Diagnose einer DDR 2.0 als rechts zu kritisieren? Müsste er dann nicht fast zwangsläufig zu dem Schluss gelangen, es werde vorschnell und damit unfair geurteilt? Tatsächlich aber unterscheidet sich seine Einschätzung der aktuellen Verhältnisse gar nicht grundlegend von der anderer Kritiker. So habe etwa auch ich schon beklagt, dass in der Kunstwelt stärker als in vielen anderen Bereichen kleine Eliten das Sagen haben und darüber entscheiden, was erfolgreich wird.[4] Dass bezogen auf Kunst keine objektiven Kriterien für Qualität existieren, verleiht Erfolgen und Trends zudem oft den Charakter des Willkürlichen und des strategisch Gemachten. Sie werden zu einer Sache der Macht – und damit zu einer Sache vor allem derer, die über institutionelle Leitungsfunktionen oder ökonomische Überlegenheit verfügen und damit stark meinungsbildend wirken. Da sehr wenige sehr viel bestimmen, entsteht ein hohes Maß an Homogenität im Kunstbetrieb, und wer als Künstler davon abweicht und sich nicht auf die angesagten Themen einlässt, hat es schwer, zu Biennalen und anderen kuratierten Ausstellungen eingeladen zu werden.

Vielleicht liegt es wirklich nur an meiner westdeutschen Biografie, die keine Erfahrungen von Unfreiheit und Überwachung beinhaltet, dass ich meine Diagnose anders als Tannert nicht mit Verhältnissen à la DDR assoziiere. Mir erscheint es vielmehr als riesiger Unterschied, ob Künstler ihre Werke Zensurbehörden vorlegen müssen und im schlimmsten Fall ein Berufsverbot bekommen oder ob sie an keine renommierten Ausstellungsorte gelangen, weil sich das Gros der Kuratoren nicht für ihre Arbeit interessiert. Wieso sollte ich jemanden mit anderen Erfahrungen jedoch dafür kritisieren, in den beiden Fällen eher auf die Ähnlichkeiten als auf die Differenzen zu achten? Ist es da nicht klüger, immer wieder auf Letztere hinzuweisen, um zumindest zu erreichen, dass auch meine Sichtweise als berechtigt wahrgenommen wird?

Sosehr man unterschiedliche Lebenserfahrungen anerkennen und auf voreilige Einordnungen verzichten sollte, so klar muss man aber auch Grenzen ziehen, wenn es zu ideologisch wird – etwa weil sehr einseitige Erklärungen für Repressionserfahrungen geliefert oder Unterstellungen in Umlauf gebracht werden, die unbewiesen bleiben. Fragwürdig scheint mir etwa die im Zusammenhang mit dem DDR 2.0-Topos beliebte Behauptung, es gebe personelle Kontinuitäten zwischen der Staatssicherheit der DDR und denjenigen, die heute über die »Gesinnungskorridore« wachen. In harmloseren Varianten wird dabei nur suggeriert, gewisse Menschen änderten sich eben nie und seien immer dort anzutreffen, wo es gerade etwas zu bespitzeln und zu denunzieren gebe. Manche gehen aber weiter und unterstellen, an den institutionellen Strukturen habe sich zwischen der DDR und der heutigen Bundesrepublik nichts geändert, letztlich seien dieselben Behördenapparate nach wie vor in Funktion. Noch ideologischer wird es, wenn gemunkelt wird, es handle sich dabei nicht nur um eine nationale Angelegenheit, vielmehr seien Überwachung und schleichende Freiheitsberaubung global gesteuert. Wer solche Behauptungen verbreitet, lässt sie oft aber auch bewusst unscharf. Die Vorwürfe werden je nach Situation und Gegenüber variiert; so macht man sich möglichst unangreifbar.

Zu einer Symbolfigur innerhalb des DDR 2.0-Plots ist etwa Anetta Kahane geworden, die Vorsitzende der Amadeu Antonio Stiftung, die sich gegen Rassismus, Rechtsextremismus und Antisemitismus engagiert. Kahane wird nicht nur ihre frühere Tätigkeit als Inoffizielle Mitarbeiterin (IM) der Stasi vorgeworfen, sondern vor allem unterstellt, sie und von ihrer Stiftung eigens angeheuerte »Blockwarte« steckten als »Facebook-Stasi« im Auftrag der Bundesregierung hinter groß angelegten

Löschungen von Postings gegen die staatliche Flüchtlingspolitik.[5] Andere mutmaßen – wegen Kahanes
Herkunft häufig gekoppelt mit antisemitischen Motiven – über weiterreichende Verbindungen, ja, den Spe-
kulationen sind auf rechten Blogs kaum Grenzen gesetzt. Umgekehrt verleitet der raunend-vage Unterton
des Diskurses über Kahane Kritiker der Rechten dazu,
jedem, der sie auch nur erwähnt, gleich schlimmste
Verschwörungstheorien zu unterstellen. Da ihr Name
zu einem der schrillsten Reizworte geworden ist, sollte
also besonders präzise sein, wer dennoch über Kahane
sprechen will. Sonst fungiert Kahanes Nennung bloß
als willkommener Anlass, um entweder zu provozieren,
sich politisch zu outen oder durch ablehnend-reservier-
te Reaktionen eine Bestätigung dafür zu bekommen,
dass die Meinungsfreiheit tatsächlich eingeschränkt sei.

Auch Neo Rauch und Axel Krause kritisieren die
Arbeit von Anetta Kahane und ihrer Stiftung. »Die
›Genossin‹ Kahane« habe sich, so Rauch in einem Interview, »einen Feldherrenhügel geschaffen, von dem sie
das Volk in Gut und Böse einteilt« und sich anmaße,
jedermann hinsichtlich seiner politischen Gesinnung
ein »Attest aus[zu]stellen«.[6] Und im Fall von Krause, der
Kahane auf seinem Facebook-Account wiederholt in
Verbindung mit Einschränkungen der Meinungsfreiheit
gebracht hat,[7] wird auf rechten Blogs sogar unterstellt,
er sei ein Opfer der Amadeu Antonio Stiftung. Diese
habe im Frühsommer 2019 darauf »insistiert«, Krause

von der Leipziger Jahresausstellung auszuschließen, für die er kurz zuvor zusammen mit 35 anderen Künstlern nominiert worden war – nachdem einige Monate vorher seine langjährige Galerie die Zusammenarbeit mit ihm aufgekündigt hatte, da sich ihre Betreiber nicht mit seinem öffentlich proklamierten politischen Standpunkt identifiziert sehen wollten. Weiter wird behauptet, es handle sich bei der Stiftung um eine »bundesweite patrouillierende Gesinnungspolizei«, die »mit allen Machtmitteln, anzuklagen, zu verurteilen, zu strafen und zu rächen« bereit sei, »ohne auch nur ein Wort mit dem jeweiligen Delinquenten gesprochen zu haben«. Krauses Freiheit als Künstler zu unterdrücken sei eine Möglichkeit gewesen, »die Instrumente zu zeigen, einen zu strafen und hunderte zu erziehen«. Krause selbst wird – wenig überraschend – mit den Worten zitiert, das alles »[erinnere] ihn an DDR-Zeiten«.[8]

In der Debatte um Axel Krause kamen aber zwei Diskurse zusammen. So hatte er seinen Fall nach der Kündigung durch seine Galerie selbst schon mit dem von Balthus und Gomringer verglichen und sich als Opfer von »bedrohlichen Tendenzen« gesehen.[9] Die Freiheit der Kunst für gefährdet zu halten, wenn das, was Künstler machen, zunehmend nach denselben Maßstäben beurteilt wird wie die Äußerungen und das Tun anderer Menschen, verbindet sich bei ihm über den DDR-Vergleich jedoch mit der generellen Warnung vor unfreien, diktaturähnlichen Verhältnissen.

Das mag dem Wunsch geschuldet sein, dem relativen Nischendiskurs der Kunst eine größere Bedeutung und politischere Perspektive zukommen zu lassen. Vor allem jedoch ist es Ausdruck einer doppelten biografischen Prägung. So stellt es einerseits eine Reaktion auf Erfahrungen in der DDR dar, dass Krause und andere sich denunziert und sozial geächtet fühlen, wenn ihre politischen Äußerungen zur Debatte gestellt werden. Andererseits zeigt sich daran aber auch, dass sie auf einem idealistischen Kunstbegriff beharren, der Künstlern den Status einer gewissen Auserwähltheit und damit besondere Schutzrechte zubilligt.

Durch die Verknüpfung der beiden Diskurse bekommt der beschriebene Kulturkampf genauso wie bei Rauchs *Anbräuner* eine politische Schlagseite. Vor allem aber gerät aus dem Blick, wie sehr viele, die den idealistisch-autonomen Kunstbegriff infrage stellen und einzelne Künstler oder Werke kritisieren, dies gerade aus Engagement gegen die Unterdrückung von bisher Unterprivilegierten, von Frauen oder Minderheiten tun. Sie kämpfen also gerade für mehr und nicht für weniger gesamtgesellschaftliche Freiheit, stehen aber auf einmal als Spitzel und Denunzianten da. Und das erst recht, wenn ihre Kritik am idealistisch-autonomen Kunstbegriff an einem Ort auftaucht, der ohnehin schon verdächtigt wird, an einer DDR 2.0 zu arbeiten. So erklärt man auch auf dem von der Amadeu Antonio Stiftung betriebenen Blog *Belltower News* aus Anlass des

Streits um Krause die Idee einer »Trennung von Werk und Autor« zu einer »wohl eher theoretische[n] und bestenfalls antiquierte[n] Figur, die die Kunst einst mit der Aura des Überirdischen umgeben sollte«.[10] Doch will man Krause oder andere damit nicht mundtot machen, sondern ihnen nur zu verstehen geben, dass die Zeit der selbst noch über das künstlerische Werk hinausreichenden Künstler-Privilegien vorbei sei – und dass viele andere, die aufgrund des bisher herrschenden Kunstbegriffs und seiner oft exkludierenden Kriterien keine Aufmerksamkeit bekommen hätten, nur so endlich auch eine Chance auf Anerkennung besäßen.

Statt aber als diejenigen zu gelten, die eine größere Offenheit und Vielfalt der Kunstwelt verhindern, erscheinen Rechte wie Krause paradoxerweise im Gegenteil als Anwälte der Kunstfreiheit: nur weil es ihnen gelingt, eine Kritik oder Ablehnung politisch zu skandalisieren. Dabei suchen sie oft noch eigens nach mehr Ablehnung (und damit mehr Dissidentenlorbeeren), indem sie gerade an Orten publizieren oder ausstellen wollen, die eine erkennbar andere weltanschauliche Ausrichtung haben. Würden sie sich eigene Institutionen aufbauen, innerhalb derer sie sich nach Belieben um eine Öffentlichkeit bemühen könnten, ließe sich hingegen nur viel schlechter der Eindruck erzeugen, sie seien verfolgt und allein bei ihnen sei die Kunstfreiheit gut aufgehoben. Zudem sähe man dann, was umgekehrt bei ihnen keinen Platz fände, und schnell würde deutlich, dass das weit mehr ist als unter den jetzigen Bedingungen. So darf man nie unterschätzen, wie vorurteilsbeladen und ängstlich gegenüber möglichen Veränderungen gerade Rechte und Reaktionäre sind. Oder hätten sie sonst ein Problem mit Feminismus oder Genderfluidität, würden sie sich nach geschlossenen Grenzen, monokulturellen Gesellschaften und klaren Hierarchien sehnen? Auf all das müsste dann aber auch die Kunst Rücksicht nehmen, sonst drohten ihr Verbote. Überdies würde sie nicht mehr als Instanz geschätzt, die Gesellschaft verändern und Selbstbestimmung forcieren kann; vielmehr würde die Freiheit der Kunst überall beschnitten, wo sie mehr oder etwas anderes als reaktionäre Selbstbehauptung zu sein beansprucht.

Aber vielleicht entstehen in den nächsten Jahren doch noch rechte Kunstvereine und Galerien (über die Manuscriptum-Galerie hinaus), so wie es bereits rechte Verlage und Zeitschriften gibt. Ihre Programme und ihr Verständnis von Kunst stünden dann in erklärtem Kontrast zu den globalisierungsorientierten und an der Sichtbarkeit von Minderheiten interessierten Projekten derer, die im heutigen Kunstbetrieb weithin die Richtung vorgeben und die ein idealistisch-autonomes Verständnis von Kunst infrage stellen. Der Kulturkampf würde sich, nachdem er schon politisiert wurde, also auch noch institutionalisieren. Zugleich aber würde dann endgültig deutlich, dass der bisherige Kunstbegriff in beiden Fällen nicht mehr gilt: Sorgt das Freiheitsprivileg autonomer Kunst für die einen für zuviel Ungleichheit und Gewalt, so haben die anderen ein Problem damit, Autonomie als Selbstbestimmung oder überhaupt so etwas wie Unabhängigkeit zuzulassen. Das Ideal der Autonomie, das über rund zwei Jahrhunderte hinweg in vielen Variationen existierte, verliert also doppelt und immer weiter an Geltung.

9 Rechte Rezeption

Die weitere Rezeption von Rauchs *Anbräuner* bestätigte, wie gut das Gemälde in Titel und Ikonografie in den politisierten Diskurs, zur DDR 2.0-Diagnose und der AfD-Forderung nach einer Wende 2.0 passt. Es bringt diverse Befindlichkeiten auf den Punkt, da es bisher oft vage Feindbilder in einer neuen Figur polemisch versammelt: Die aktualisierte, gefährliche Spielart des »Besserwessis«, der schon seit 1990 unangenehm auffiel, ist der »Anbräuner«. Er ist aber auch mehr und Schlimmeres als ein Kolonialherr, der mit »Buschzulage« ausgestattet alte Strukturen zerstört. Denn während Letzterer immerhin für neue Verhältnisse sorgt, bringt der Anbräuner nur zurück, wovon man sich befreit wähnte: eine Atmosphäre allgemeinen Misstrauens und wechselseitigen Belauerns. Er ist der Funktionär der DDR 2.0.

Eine ehemalige Studentin von mir, ihrerseits aus Leipzig, also mit DDR-Hintergrund, schrieb in einer Mail, sie erinnere Rauchs Bild an den Film *Das Leben der Anderen* und direkt an die Darstellung des von Ulrich Mühe gespielten Stasi-Mitarbeiters: »Wissen Sie was, ich glaube, so sieht Sie der Neo Rauch, wie den Spitzel im ›Leben der Anderen‹, und deshalb hat er Sie so gemalt, auf dem Dachboden.« Ich widersprach zuerst, da der Spitzel in Florian Henckel von Donnersmarcks Film ja gar keine so negative Figur ist und seine Opfer letztlich sogar schützt – dies eine Rolle, die Rauch mir wohl kaum zugestünde. Aber da er in seinem Gemälde kunstspezifische und allgemeinere gesellschaftspolitische Konflikte miteinander verknüpft hat, ist es auch naheliegend, den Dachboden nicht nur als Motiv zur Darstellung der Rolle des Künstlers zu deuten, sondern darin genauso eine Anspielung auf die Arbeit von Spitzeln zu sehen. Allerdings fällt dann umso mehr die unkomfortable Lage des Anbräuners auf, ist der Dachboden auf dem Gemälde im Gegensatz zu dem des Spions im Film doch alles andere als ein geräumiger Ort. Durch die ungemütliche Umgebung wird der Anbräuner aber umso unbarmherziger, sein Horizont umso enger. Es ist daher auch nicht zu erwarten, dass es dem neuen Typ von Denunziant jemals an Eifer und Verbissenheit gebricht, und da er aus eigenem Antrieb handelt, kann er (anders als der Stasi-Mitarbeiter im Film) schon gar nicht zum Befehlsverweigerer werden.

Gerade deshalb aber ist die DDR 2.0, wie Rauch schon im Interview andeutete, noch schlimmer als die erste DDR. Es bedürfe heute, so ganz ähnlich Hans-Joachim Maaz in seinem Buch *Das gespaltene Land* (2020), »gar keiner Stasi mehr, die paranoische Überwachung und Denunziation geht von Teilen der Bevölkerung selbst aus, […] so dass wir von einer innerseelischen ›Stasi‹ sprechen können«.[1] Waren damals nur die obersten Ränge des Systems oder allgemein-abstrakt der Staat gnadenlos, so sind es jetzt die vielen einfachen Anbräuner, die überall aktiv werden können. (Dazu passt, dass Neo Rauch wohl mehrfach erklärte – so wurde es mir jedenfalls berichtet –, das »W.U.« auf dem Gemälde stehe nicht nur für meinen Namen, sondern auch für Walter Ulbricht. Es ist also offenbar die dauerhafte Signatur des Bösen, die in der DDR 2.0 nur anders ausbuchstabiert wird. Vielleicht zeugen die drei Beine des W.U. davon, dass das Böse nun sein pathologisches Stadium erreicht hat.)

Dass Rauch den Denunzianten, der allenthalben Nazis wittert, ja, sie schmierend erst erfindet, so schonungslos zeigt, machte ihn aber auch zum Helden der Rechten. Ich will keine Vermutungen anstellen, ob er das von vornherein billigend in Kauf genommen hat oder ob es ihm unangenehm ist. Überraschend ist jedenfalls nicht, dass Akteure des gesamten rechten Spektrums, die ohnehin daran interessiert sind, den DDR 2.0-Vorwurf immer wieder zu erneuern und zu variieren, ihre Freude über so prominente Rückendeckung bekundeten. Immerhin durften sie so bis weit in bürgerliche Kreise hinein Verständnis, gar Zuspruch für die These erwarten, die Meinungsfreiheit sei von links akut bedroht. Rauchs Gemälde wurde zur Autorität für die Diagnose eines vermeintlichen Regimes der *political correctness*.

Till-Lucas Wessels, ein Aktivist der Identitären Bewegung, brachte die Siegel-Qualität von Rauchs *Anbräuner* klar zum Ausdruck, als er auf den Seiten von *Sezession*, dem Magazin des rechten Verlegers Götz Kubitschek, schrieb: »Und ich hoffe, dass wir das Bild von Neo Rauch in Zukunft öfter sehen werden – immer dann, wenn sich wieder einer zu einer längeren Sitzung bequemt hat, um seinen Unrat gegen uns ins Feuilleton zu spritzen, wollen wir es hervorholen und es hochhalten wie einen Schild.« Als »Schild« verstanden, wird Rauchs Bild einerseits zum Erkennungs- oder gar Ehrenzeichen derer, die sich verfolgt, als Opfer einer Denunziation fühlen, soll andererseits aber auch eine Schutzfunktion entfalten, also gleichsam apotropäisch wirken und wie durch einen Bannzauber fortan die lästigen »Schreiberlinge, die aus ihrem Wortegewurschtel heraus mit Scheiße schmeißen«, vom Leibe halten und neutralisieren.[2] Wer das Bild hochhält, soll auf Immunität hoffen dürfen.

Tatsächlich wird *Der Anbräuner* etwa bei Debatten auf Twitter gerne als Trumpf ausgespielt.[3] Doch noch häufiger fungiert das Bild als Lizenz zur Beschimpfung derer, die man für Anbräuner hält. Wenn schon ein so bedeutender Künstler wie Neo Rauch, ein Türhüter des Erhabenen, nicht vor Fäkal-Phantasien zurückschreckt, beweist das aus Sicht der vermeintlich »angebräunten« Opfer nicht nur, wie niederträchtig und verachtenswert die Denunzianten sind, sondern sie fühlen sich auch berechtigt oder sogar inspiriert dazu, ihren eigenen Vergeltungswünschen freien Lauf zu lassen.

Zur Autorität des Gemäldes kommt somit noch eine enthemmende Wirkung hinzu, die ich schon kurz nachdem es in der *ZEIT* abgedruckt worden war, zu spüren bekam. Reihenweise erschienen auf Facebook-Accounts Kommentare und auf rechten Blogs ganze Artikel, die mir galten. Es war, als sei ein Wettbewerb ausgerufen worden, um die am schönsten herabsetzenden, die am härtesten schmähenden Worte gegen mich zu finden. So saß ich an einem heißen Sonntag vor meinem Rechner, und kaum hatte ich einen Beitrag gelesen, kam über Google, Twitter oder eine anonyme Mail schon ein Link zum nächsten und übernächsten.[4]

Zwar musste ich noch nie so vielstimmig Herabwürdigendes über mich lesen, doch schien es mir auch, als würden die diversen Schimpfwörter beliebig ausgespuckt – als seien sie nicht mit der Absicht gewählt, möglichst gezielt zu treffen, sondern als gehe es vor allem um einen garstigen Klang, um die reine Semantik. Dass die Worte einfach nur benutzt wurden, weil sie an sich obszön oder deftig sind, aber nicht, weil sie geeignet sein könnten, spezifisch mich persönlich zu markieren, sorgte für ein seltsames, unerwartetes Erlebnis. Ich kam mir als bloße Projektionsfläche vor, fühlte mich geradezu immateriell, durchlässig für die verbalen Geschosse, die auf mich – oder eben doch nur auf ein Feindbild-Phantom – gefeuert wurden. Obwohl sich die Autoren an den bereits geschriebenen Beiträgen zunehmend zu berauschen schienen und, erfasst von Wutlust, in Überbietungsspiralen gerieten, wähnte ich mich selbst in immer größerer Entfernung zu dem Spektakel. Zugleich wurde mir klar, dass diese Empfindung nicht ungefährlich ist: Würde ich, wenn ich mich für unbeteiligt und damit auch für unverwundbar halte, nicht auch leichtsinnig, unaufmerksam werden?

Aber schon nach zwei, drei Tagen war die Wutkarawane weitergezogen. Es schien mir, als bräuchten die, die sie in Bewegung halten, in rascher Folge neue Aufreger: als seien diese nur Treibstoff, um einen gewissen Erregungspegel halten zu können. Viel stärker geht es also darum als um das jeweilige Objekt der Aggression selbst, so als befinde man sich in einem Rausch, stecke gar in einer Art von Sucht. Sich dissident zu fühlen und zugleich mit starken Worten die Muskeln spielen zu lassen, scheint eine verführerische Kombination zu sein, und ich konnte mich des Verdachts nicht erwehren, dass zumindest einige derer, die sich in rascher Folge neue Sujets ihrer Wut suchen, damit auch gegen eine gewisse Langeweile, gegen den Überdruss eines komfortabel-geordneten Lebens ankämpfen. Wie Prepper sich aus gesicherten Wohlstandsverhältnissen heraus gruselige und möglichst immer noch extremere Szenarien ausmalen, auf die sie sich dann aufwändig und detailliert vorbereiten, so versetzen andere sich in Wut, um die Anspannung zu spüren, die sie im gemütlichen Alltag vermissen. Den vielzitierten Wutbürger, in dessen Visier ich kurzzeitig geriet, erlebte ich jedenfalls als jemanden, bei dem das Bedürfnis nach Unterhaltung auf bedrückende und letztlich gemeingefährliche Weise eskaliert ist.

Als ich die Texte und Kommentare, die zu Rauchs *Anbräuner* und über mich auf rechten Accounts und Blogs geschrieben wurden, mit einigen Monaten Abstand nochmals las, fiel mir auf, dass Versatzstücke des DDR 2.0-Plots in ihnen zwar regelmäßig auftauchen, die Ost-West-Dimension des Konflikts hingegen fast keine Rolle spielte. Zwar gab es auch Tweets mit Hashtags wie #WessiGoHome oder #Besatzerraus, in denen ich zum »kolonialen Tugendwächter« erklärt wurde, oder man attestierte mir die typische »Devotheit der Westdemokraten« und die Mentalität »hervorragende[r] FDJ-Sekretäre«,[5] doch wurde ich meist ganz allgemein als Denunziant verurteilt. Das soll suggerieren, Leute wie ich zerstörten die Gesellschaft insgesamt, müssten also nicht nur von bedrängten Ostdeutschen bekämpft werden. Diese aber seien die Ersten, die aufgrund ihrer Erfahrungen genug hätten von Anbräunern. Dass Rauch sich mit seinem Bild zur Wehr setzte, wird entsprechend als Befreiungsschlag gewürdigt. Im rechtskonservativen Magazin *Anbruch* verkündete man gar eine Zeitenwende: »Ließen sich unliebsame Abweichler vor wenigen Jahren noch vergleichsweise lautlos kaltstellen«, so werde das mittlerweile schwieriger. Mit Neo Rauch seien »die Exekutoren der diskursfreien Herrschaft endgültig bei einem Kaliber angelangt, das ihnen eine Niederlage von Symbol-, ja von Fanal-Charakter bescheren könnte«.[6]

Im selben Artikel wird mir einmal mehr »notorischer Denunziationseifer« nachgesagt, so als hätte ich irgendetwas bisher öffentlich Unbekanntes mitgeteilt oder Äußerungen Rauchs gewaltsam politisch umgedeutet. Dabei wurde im selben Magazin schon ein Jahr zuvor ein Artikel publiziert, der sich Rauch als »politische[m] Grenzgänger« widmete und in dem man sich erfreut über einige seiner Interview-Äußerungen zeigte, ja sogar noch wunderte, »dass die recht prägnanten Aussagen Rauchs medial keine höheren Wellen schlugen«.[7] Reklamierte man im *Anbruch* Rauch also für sich (in der *Sezession* war sogar schon 2013 ein Artikel der Frage gewidmet, »ob der stille Leipziger einer von uns sei«[8]), ist es umso absurder, wenn man anderen, die dieselbe politische Einordnung vornehmen, Denunziantentum unterstellt.

Als Bekräftigung des DDR 2.0-Vorwurfs waren auch andere Beiträge von rechter Seite gedacht. So twitterte der EU-Abgeordnete der AfD Maximilian Krah, Rauch »wehrt sich gegen die Denunzianten mit den Mitteln der Kunst«.[9] Und Michael Klonovsky, persönlicher Referent und Redenschreiber des damaligen AfD-Parteivorsitzenden Alexander Gauland, hielt mir »Denunziantentum […] und Narzissmus« vor (Letzteres wohlgemerkt, weil ich ein Buch über Selfies geschrieben habe) und ergänzte in einem zweiten Text zum *Anbräuner*, ich sei einer, der, »wäre er in einem Staat geboren, wo das Melden noch geholfen hat, die richtige Adresse schon gewusst hätte«.[10] Mit der Formulierung im Irrealis gesteht Klonovsky indirekt allerdings sogar zu, dass heute keine Adressen existieren, an denen sich etwas melden ließe, also keine Strukturen für Spitzeltum vorhanden sind. Aber einen Menschen, dem man Übles will, erklärt man eben auch dann noch zum Denunzianten, wenn es gar nichts zu denunzieren gibt.

Letztlich besteht das Ziel darin, den Gegner moralisch herabzuwürdigen. Zwar gehört es zu den beliebtesten Klagen der Rechten, ihre Opponenten würden viel zu viel moralisieren und immer irgendwelche »Moralkeulen« schwingen, doch darf die pauschale Unterstellung von Denunziantentum sicher als eine der gröberen Ausgestaltungen einer solchen »Moralkeule« gelten. Ferner ist der Vorwurf nie vollständig zu widerlegen, lässt sich doch auch noch jedes sorgfältige Recherchieren, professionelle Zitieren und wissenschaftliche Analysieren als Ausdruck denunziatorischen Eifers darstellen. Außerdem darf man bei diesem Vorwurf auf Resonanz über das eigene Lager hinaus rechnen, gilt Denunziantentum doch über alle Milieus hinweg als verachtenswert. Mögen andere abwertend gemeinte Begriffe adaptiert oder sogar mit Stolz übernommen werden, so würde sich wohl niemand selbst als Denunziant bezeichnen. Wer ein klares Feindbild braucht, kann also kaum etwas Besseres tun, als Gegner als Denunzianten zu bezeichnen.

Um diesen Vorwurf noch anschaulicher zu machen, ist es in den Sozialen Medien seit einigen Jahren üblich geworden, auf A. Paul Webers Grafik *Der Denunziant* (1934/47) zurückzugreifen, die, zur Karikatur mit antisemitischen Zügen überspitzt, einen Spitzel zeigt, der gerade an einer Tür lauscht und das, was er hört, eifrig mitschreibt. *[Abb. 5]* Die gebückte Haltung signalisiert die Heimlichkeit seines Tuns, die großen Ohren und Augen sind eine *déformation professionelle* im buchstäblichen Sinne. Das Bild wird von diversen Gruppen – nicht nur von Rechten – verwendet, etwa wenn sie Inhaber anderer Accounts schmähen wollen, denen sie unterstellen, Posts oder Tweets bei den Plattformbetreibern gemeldet zu haben, um ihre Löschung zu erreichen. Beschriftet wird das Bild dann bevorzugt mit dem bekannten Zweizeiler »Der größte Schuft im ganzen Land, das ist und bleibt der Denunziant«.[11]

Mittlerweile stößt man aber auch auf Rauchs *Anbräuner* als Alternative zu Webers *Denunziant*; nicht zuletzt im Zuge der Corona-Krise wurde das Bild herangezogen, um Journalisten, die Proteste gegen die staatlichen Schutzmaßnahmen kritisierten, als Denunzianten zu schmähen.[12] Aufgrund seiner sowohl verrätselten als auch ordinären Ikonografie dürfte Rauchs Bild zwar nie so viel Verbreitung finden wie das von Weber, aber gerade aufgrund seiner Vulgarität kann es den Zweck der Verunglimpfung eines Gegners manchmal dafür umso besser erfüllen.

Bemerkenswert ist jedoch, wie unterschiedlich der Denunziant von Weber und Rauch jeweils in Szene gesetzt wird. Ist er einmal beim ersten Teil seiner Tätigkeit – beim Sammeln von belastendem Material – zu sehen, so zeigt das andere Bild den zweiten Teil seines Tuns – die Schädigung des Bespitzelten. Während das Lauschen und Notieren möglichst diskret stattzufinden hat, ist das Anschwärzen oder Anbräunen eine offensichtlich schmutzige Tätigkeit und verlangt daher auch mehr aggressive Energie. Hier wird der böse Charakter des Denunzianten erst vollständig sichtbar – und dies bei Rauch umso mehr dadurch, dass der Anbräuner das, womit er sein Geschäft betreibt, aus sich selbst herausholt, so als sei alles, was er anderen zum Vorwurf macht, bloße Willkür: nicht auf der Basis von Recherchen und Erkundigungen formuliert, sondern erstunken und erlogen, in hinterhältiger Absicht aus dem Arsch gezogen.

10 Charity und Populismus

So schnell sich die Rezeption des *Anbräuners* in rechten und rechtsextremen Milieus verselbständigte, ohne dass Rauch darauf noch Einfluss nehmen konnte, so sehr wäre es ihm in anderer Hinsicht möglich gewesen, den weiteren Diskurs über das Gemälde mitzugestalten. Doch bereits wenige Tage nach Veröffentlichung des Bildes in der *ZEIT* erreichte mich das Gerücht, *Der Anbräuner* solle versteigert werden. Ich schenkte dem nur wenig Glauben, da es mir viel plausibler schien, dass Rauch das Bild für sich behalten würde, gerade um nicht die Kontrolle darüber zu verlieren. Und wenn er es schon weggeben wollte – wäre es dann nicht klüger, es auf diskrete Weise einem bewährten Sammler anzubieten, statt zu riskieren, dass bei einer Versteigerung eine Person den Zuschlag bekommt, deren Interessen an dem Bild nicht einzuschätzen sind?

Schon bald darauf jedoch bewahrheitete sich das Gerücht: *Der Anbräuner* wurde für die Auktion der exklusiven Benefiz-Gala *GRK Golf Charity Masters* in Leipzig annonciert. Diese Gala wird zugunsten eines Kinderhospizes alljährlich mit vielen prominenten Gästen ausgerichtet, und Rauch hatte zu dieser Gelegenheit bereits in früheren Jahren Werke gestiftet. Erstmals wurde jetzt auch das Format des *Anbräuners* öffentlich mitgeteilt, aber noch viel mehr als dessen Größe überraschte mich die Kehrtwende, dass dasselbe Gemälde, das gerade noch als Schmähbild und »Ohrfeige« gegolten hatte, nun der Charity dienen sollte. Vom kulturkämpferischen Feindbild zum Akt der Nächstenliebe in wenigen Wochen? Zusätzlich zu Rauchs Hang zu Vieldeutigkeit und mehrfachem Bildsinn nun also auch eine mehrfache Bildfunktion?

Doch da dieses Manöver, das ohne historisches Vorbild sein dürfte, wegen seiner Paradoxie ebenso schwer wie unterschiedlich zu deuten ist, kann man es auch als provokant-vertrackte Performance betrachten – und erst recht über die Intentionen des Künstlers rätseln. Wollte Neo Rauch vielleicht dazu auffordern, den Affekt, aus dem heraus *Der Anbräuner* gemalt worden war, nicht überzubewerten, ihn als Künstler nicht darauf festzulegen und damit zu identifizieren, sondern anzuerkennen, dass er selbst noch ein aggressives Bild – und sogar ein Unrecht, das ihm nach eigener Einschätzung widerfahren war – in eine gute Sache zu verwandeln bereit ist? Oder war es ein raffinierter Schachzug, der alle Kritiker, die ihm und seinem Gemälde weiterhin zweifelhafte Motive unterstellen, umso kleinlicher und missgünstiger erscheinen lässt, da sie offenbar auch dann gegen ihn sind, wenn er sich besonders großzügig zeigt? Wie kann man denn das Bild noch als obszön oder politisch fragwürdig kritisieren, wenn damit letztlich kranken Kindern geholfen wird? Oder war

Rauch ganz pragmatisch und wollte einfach nur zweierlei miteinander verbinden? Warum also nicht einfach das Bild, das als Leserbrief seine Funktion erfüllt hatte, zur Charity-Auktion geben, zumal diese sicher nicht der richtige Ort ist, um ein wirklich wichtiges Bild zu stiften? Dann wäre Rauchs Spende auch ein subtiles Signal, dass er selbst den *Anbräuner* nur als Nebenprodukt seines Schaffens ansieht.

Zugleich konnte man Rauchs Entscheidung aber auch als ziemlich unsensibel, gar als geschmacklos empfinden. Ist der Spagat zwischen fäkaler Verunglimpfung und Hilfe für Kinder nicht etwas zu groß? Entsteht hier nicht zwangsläufig eine Dissonanz, die auf den Künstler zurückfällt? Kann es nicht sogar als Verhöhnung der gesamten Benefiz-Gala erscheinen, wenn man – zudem als teuerstes und schlagzeilenträchtigstes – Auktionslos ein Gemälde stiftet, dessen zentrale Sujets Kot und Hitlerchimären sind? Was wurde den Gästen der Gala, den anderen Spendern damit zugemutet?

Unabhängig davon, wie man Rauchs Geste einschätzt, hatte sie aber Konsequenzen, die ihm, so zumindest meine Vermutung, nicht von vornherein bewusst waren. So dementiert allein die Tatsache, dass *Der Anbräuner* zur Hauptattraktion eines großen gesellschaftlichen Events – mit viel Glamour und Prominenz – erhoben wurde, die in diesem Gemälde formulierte Anklage des Künstlers, das gesellschaftlich desavouierte Opfer einer Denunziation zu sein und in einem Regime zu leben, das jemanden wie ihn diskriminiert. Stimmte das, hätte er den Abend der Gala kaum im Kreis von Spitzenpolitikern, Stars der Unterhaltungsbranche und Wirtschaftsgrößen und damit als Teil des Establishments verbringen können. So aber erscheint die drastische Ikonografie des Gemäldes auf einmal nur noch als larmoyante Übertreibung – oder als krasse Unterhaltung für ein saturiertes Kunstpublikum. Die Ernsthaftigkeit, die ich Rauch nie abspräche, aber auch die gesellschaftspolitische Dimension des *Anbräuners* wurden durch das *GRK Golf Charity Masters*-Event konterkariert. Ist die DDR 2.0 also doch bloße Einbildung?

Noch mehr aber widerspricht der Preis, den das Gemälde bei der Auktion erzielte, der Selbstdarstellung Rauchs als ungeliebten, an den Rand gedrängten Künstler. Dass für sein Gemälde 750.000 Euro gezahlt wurden, zeugt vielmehr davon, wie viel Aura und Reputation mit seinem Namen verbunden sind. Zwar ist eine solche Summe auf dem globalen Kunstmarkt alltäglich und für ein Gemälde Rauchs sogar ziemlich normal. Dennoch verstört sie sehr viele Menschen, die sich dann ihrerseits ausgeschlossen, gar minderwertig fühlen. Wie exklusiv ist eine Welt, in der derartige Preise gezahlt werden? Und sind diese nicht ein skandalöses Zeichen sozialer Ungerechtigkeit, gegen die jede Ungerechtigkeit, die Rauch vonseiten eines Kritikers widerfahren könnte, schlagartig verblasst, ja lachhaft erscheint?

Anstatt Rauch einfach nur Unbedachtheit vorzuhalten, könnte man jedoch auch erwägen, ob es nicht von vornherein zu seiner Selbstbehauptungsstrategie gehört haben könnte, den Kritiker doppelt in die Schranken zu weisen. Mit dem Sujet des Bildes sollte dieser beschämt werden, mit dessen Preis sollte ihm klargemacht werden, dass er letztlich eben doch nur ein kleiner Kläffer ist. Die Versteigerung und der dabei öffentlich erzielte Preis sollten gleichsam objektiv erweisen, dass der Künstler gegen den Kritiker gewonnen hat. *[Abb. 6]*

Der Anbräuner hat seit dem 27. Juli 2019 – dem Tag der Auktion – aber nicht nur einen Preis, das Bild hat auch einen Besitzer. Und das eine ist vom anderen nicht zu trennen. Bei 550.000 Euro erhielt der Immobilienunternehmer und Investor Christoph Gröner den Zuschlag; spontan, so wird berichtet, erhöhte er noch um 200.000 Euro: eine Großzügigkeit, die in bemerkenswertem Kontrast zu vielen Darstellungen steht, in denen Gröner als Preisdrücker und knallharter Geschäftsmann erscheint. In Homestories und Interviews oder in der WDR-Fernsehdokumentation *Ungleichland* (2018) präsentiert er sich auch selbst gerne als ebenso erfolgreicher wie skrupelloser Unternehmer.[1] Gröner gefällt sich in der Rolle des neoliberalen Bösewichts, den fast alle hassen, der gerne angegriffen und beleidigt wird, aber letztlich doch gewinnt und sich als überlegen erweist – als einsamer Kämpfer und Selfmade-Millionär, der gegen den Strom schwimmt und es allen zeigt.

Vermutlich reizte Gröner, der sich bis dahin nicht als nennenswerter Sammler hervorgetan hatte, gerade der derbe Charakter, ja das Skandalpotenzial des *Anbräuners*. Dass ein so heftiges Sujet in Verbindung mit einem so hohen Preis eine halbwegs große Nachricht in den Medien sein, also auch ihm zusätzliche Publicity bereiten und sein Image als *enfant terrible* festigen würde, dürfte er wenigstens einkalkuliert haben. Allerdings war ihm wohl auch bewusst, dass der größte Teil der Aufmerksamkeit dem Maler Rauch gelten würde – es sei denn, er selbst würde seinen Kauf noch mit einer markigen Begründung versehen. Genau das tat er und ließ sich nach der Versteigerung mit den Worten zitieren, er plane, den *Anbräuner* ins Foyer eines »Vereins für den gesunden Menschenverstand« zu hängen, den er noch im Lauf des Jahres zu gründen gedenke. Absicht dieses Vereins sei es, »Daten« zu gesellschaftspolitisch relevanten Themen wie »CO_2«, »Integration« oder »Klima« zu liefern, über die »zu viele falsche Fakten im Umlauf« seien, »zu viele Einschätzungen, die auf manipulierten Informationen und Unwahrheiten« basierten.[2] Nicht nur durch die angedeutete Themenauswahl, sondern auch durch Gröners Hinweis auf »fake news« bekam die Ankündigung eine politische Schlagseite. Das setzt sich im Namen des geplanten Vereins fort, wird der »gesunde Menschenverstand« in den letzten Jahren doch vor allem von Rechtspopulisten und der AfD ins Feld geführt, um »sich unliebsame Komplexität und wissenschaftliche Erkenntnisse vom Leib zu halten«, wie der Journalist Maximilian Probst gezeigt hat.[3] Er verweist auch darauf, dass schon AfD-Parteigründer Bernd Lucke von der »Partei des gesunden Menschverstands« sprach, erwähnt aber ebenso andere wie den Journalisten Matthias Matussek, der einer 2018 publizierten rechten Streitschrift den Titel *White Rabbit oder der Abschied vom gesunden Menschenverstand* gegeben hat.

Die Berufung auf den »gesunden Menschenverstand« ist also zur populistischen Attitüde geworden, die vordergründig an die politische Intuition der Bevölkerung appelliert, hinter der sich jedoch allzu oft der berüchtigte Vorläufer des »gesunden Volksempfindens« verbirgt und die immer noch – oder wieder – auf denselben Feindbildern beruht. Wissenschaftler und fast der gesamte universitäre Betrieb, vor allem jedoch Intellektuelle und Kritiker, die nicht zuletzt mit kontraintuitiven oder dialektischen Denkfiguren argumentieren, sollen als verworren und verbildet, ideologisch verstrahlt oder gar verrückt – als ›ungesund‹ – abgewertet werden. Dass ihre Tätigkeit für destruktiv gehalten wird, stellt die Parallele zur Figur des Kritikers als Anbräuner dar, weshalb sich Rauchs Gemälde auch gut als Mottobild für das Foyer von Gröners Verein eignet. Da es dort aber zudem den Reichtum seines Eigentümers signalisieren kann, erscheint es auf einmal sogar geradezu als Programmbild eines plutokratischen Populismus. Der Journalist Michael Hübl erklärte es daher auch zum »Signetwerk einer Verbindung von Protz und Pranger«.[4] Auf eine Formel gebracht, lautet die Botschaft: Geld stinkt nicht, doch was Intellektuelle absondern, ist Scheiße.

Ich kann mir kaum vorstellen, dass der politisch-polemische Spin, den *Der Anbräuner* infolge der Auktion erhalten hat, im Sinne Rauchs ist. So hat Gröner als Westdeutscher nicht nur den im Gemälde verhandelten Ost-West-Konflikt völlig unterschlagen, auf der Strecke bleibt bei ihm auch jegliche Auseinandersetzung mit der Rolle des Künstlers und dessen Einsatz für eine autonome Kunst. Paradoxerweise – tragischerweise? – wurde also gerade ein als Geste künstlerischer Selbstbehauptung angelegtes Bild sogleich vereinnahmt, um der politischen Agenda, zumindest aber dem Aufmerksamkeits- und Repräsentationsbedürfnis seines neuen Eigentümers zu dienen. Und mancher Ostdeutsche dürfte die Auktion zudem schon allein deshalb als unglücklich empfunden haben, weil sich Rauch dabei einem kapitalstarken westlichen Unternehmer wie einem großen Bruder ausgeliefert hat, dessen Geld er als Rückversicherung und Potenzgeste brauchte. Wurde das ewige West-Ost-Gefälle so nicht ein weiteres Mal bestätigt?

Ich wage die Vermutung, dass anderen Künstlern der Liga, in der Rauch spielt, eine solche geistige Enteignung ihres Werks nicht unterlaufen wäre. Gerhard Richter oder Jeff Koons etwa wissen genau, dass und wie es die Wahrnehmung und damit auch die Bedeutung eines Werks verändert, wenn es mit einem (hohen) Preis markiert und mit einem Besitzer assoziiert wird, der es öffentlichkeitswirksam einzusetzen versteht. Sie und andere Künstler nehmen den Stellenwert der Postproduktion daher sehr ernst; sie überlassen die Orte und Kontexte, an denen ein Werk in Erscheinung tritt, so wenig wie möglich Dritten oder dem Zufall. Von manchen werden Bemühungen, die Verkaufsorte, Preise und Besitzer zu kontrollieren, als bloßes Marketing kritisiert, doch zeigt gerade der Fall des *Anbräuners*, wie naiv und riskant es ist, die künstlerische Arbeit für beendet zu halten, sobald ein Werk signiert ist. Es ist auch keine spezifisch westliche Mentalität, der eine derartige Sensibilität für die Platzierung von Werken entspringt, vielmehr trifft man auf ein ähnlich hoch entwickeltes Bewusstsein für Formen künstlerischer Selbst- und Werkinszenierung während der gesamten Kunstgeschichte.

Vielleicht wollte Rauch nach allem Ärger aber wirklich nur, dass mit der Versteigerung seines Bildes zugunsten des Kinderhospizes »am Ende etwas Gutes dabei herauskommt«, weshalb er die anderen Implikationen der Auktion ausblendete oder unterschätzte.[5] Und vielleicht gehört es auch zu seinem Stolz als Künstler, der Kraft seiner Bilder zu vertrauen und sie für stärker zu halten als alle Umgebungen und Instrumentalisierungen, die ihnen widerfahren können. Einer kurzfristigen Überlagerung durch fremde Interessen steht dann die langfristige Wirkung gegenüber, und Rauch wäre nicht der erste Künstler, der davon überzeugt ist, dass etwas, das aus einem Geist der Autonomie entstanden ist, letztlich unvereinnahmbar bleibt.

Wie folgenreich die Versteigerung für Rauchs Gemälde war, ist abschließend noch nicht zu beurteilen. Christoph Gröner jedenfalls ließ seinen großen Worten vom Juli 2019 erst einmal nur kleinere Taten folgen. Mutmaßte ich direkt nach der Auktion, seine Ankündigung könnte »ein bloßer Bluff«, ein bisschen Trump Mimikry für ein paar Schlagzeilen sein,[6] so gab es kurz darauf immerhin eine Stellenausschreibung. Sein Unternehmen suchte darin einen »Investigativ-Journalisten«, der einen »Kontrapunkt« in einer »zunehmend von moralischen Kategorien und emotionalen Stimmungen, mitunter post-faktisch geprägten öffentlichen Diskurswelt« setzen solle.[7] Aus dem zuerst angekündigten Verein ist nun aber ein »Forum für unabhängige Informationen und Wissen« (FUIW) geworden. Anfang 2020 wurde es im Vereinsregister eingetragen, mit einer Adresse in Berlin und einer Internetpräsenz.[8] (Im Mai 2020 wurde mir per Mail bestätigt, dass weiterhin geplant sei, den *Anbräuner* öffentlich zu präsentieren, es nur noch nicht das passende Foyer dafür gebe.)

Schon etwas früher – im Herbst 2019 – hatte Gröner nochmals öffentlich Medienschelte betrieben und sich dafür den Vorwurf eingefangen, sich »mehr als geschmacklos« zu verhalten. Nachdem es Anfang Oktober zu einer Brandstiftung auf einer seiner Baustellen in Leipzig gekommen war, bei der drei Baukräne und ein Bagger im Wert von mehreren Millionen zerstört worden waren, beschwerte er sich nämlich bei einer Pressekonferenz darüber, »dass leider Gottes die Presse, wenn ein schlimmer Anschlag wie in Halle stattfindet, tagelang nichts Besseres zu tun hat, als sich auch so damit zu beschäftigen, als gäbe es auch nur diese eine Situation«, während er »in der Presse nicht gelesen« habe, »dass sich irgendeiner Sorgen um dieses [sein, W.U.] Unternehmen macht«.[9] Gröner glaubte also, sich und seine »Situation« mit den Mordopfern (und mehr als fünfzig fast ermordeten Synagogenbesuchern) eines rechtsradikalen, antisemitischen Terrorakts vergleichen zu können.

Etwas später tauchte ein Bekennerschreiben der Brandstifter auf, in dem sie auch Gröners Erwerb von Rauchs Gemälde erwähnen. Für sie hat der Unternehmer damit bewiesen, »wessen Geistes Kind er ist«; er »führt Klassenkampf von oben«, sei ein »egozentrischer Neureicher«, der »Menschen rund um die Uhr auspressen« wolle und wesentlich dazu beitrage, dass man auch in Leipzig »soziale Kälte« spüre und immer mehr Teile der Stadt gentrifiziert würden. Etliche der im Bekennerschreiben verwendeten Vokabeln entstammen linken und linksradikalen Diskursen, einige lassen vermuten, dass die Attentäter aus Ostdeutschland stammen – und sich nicht zuletzt vom Westen okkupiert und bedroht fühlen. So ist von einer »zunehmenden Verfremdung unserer Gesellschaft« die Rede, beklagt wird »eine sich neu ansiedelnde Oberschicht«, aber auch die »totale Überwachung der Stadt«, die künftig selbst vor dem »Gespräch im Schlafzimmer« nicht haltmache.[10]

Jemand wie Gröner ist also der brutale westdeutsche Kolonialist und Unternehmer, der die gewachsenen Strukturen zerstört, aber nicht nur für Ausbeutung, sondern zugleich für Überwachungskapitalismus steht. Vor diesem Image können ihn auch Rauch und sein Gemälde nicht schützen. Im Gegenteil: Aufgrund der Summen, die bei Rauch im Spiel sind, gilt er selbst als Repräsentant einer zynisch-neoliberalen Welt. Von der Figur in seinem Gemälde wird daher auch nur noch die Aggressivität wahrgenommen; sie erscheint nun als Spiegelbild der Aggressivität des Sammlers und Investors.

11 Wut im Bild

So zwielichtig die Versteigerung des *Anbräuners* gewesen sein mag, so deutlich fungierte sie aber zugleich als ein Signal der Normalisierung. Immerhin hatte das Gemälde einen für Rauch üblichen Preis erzielt – so als unterschiede es sich nicht von seinen anderen Werken –, und der Künstler selbst war inmitten der zahlreichen

Prominenten – von Florian Silbereisen über Jan Josef Liefers bis hin zu Cathy Hummels – von dem Verdacht befreit, jemand zu sein, um den man wegen seiner Ansichten lieber einen Bogen macht. Unter denen, die sich zur Wohltätigkeit bekannten, war er sogar der Großzügigste; die Spenden aller anderen lagen im Wert jeweils weit unter dem *Anbräuner*. Das Starsystem erwies sich also als stabil.

Zwar schrieben einige mir nach der Berichterstattung über die Auktion, wie peinlich sie diese gefunden hätten, und negativ wurde etwa vermerkt, dass Rauch den *Anbräuner* gerade in einer solchen Umgebung erstmals öffentlich zeigte. Aber zugleich erreichten mich nun Zuschriften, in denen ich aufgefordert wurde, mich zu schämen. Statt mich als Denunzianten zu beschimpfen, sah man in mir nunmehr den Majestätsbeleidiger: so als sei es an sich ein Tabu oder gar blasphemisch, einen großen Künstler wegen ein paar Interviews zu kritisieren. Andere mutmaßten, ich hätte vielleicht generell ein Problem mit Autoritäten.

Im Unterschied zu den rechtsgerichteten Schreibern anonymer Mails, die mir rabiat nahelegten, das Land zu verlassen, unterzeichneten die Kunstfreunde ihre Post mit vollem Namen. Sie fühlten sich offenbar selbst- und sendungsbewusst auf einer kleinen Mission und wollten einem zu wenig kunstfrommen Kritiker den bildungsbürgerlichen Verhaltenskodex in Erinnerung rufen. Ich bezweifle, dass sie genauso agiert hätten, wäre die Versteigerung unterblieben oder hätte sie mit einem schlechten Ergebnis für den *Anbräuner* geendet. Vielmehr dürfte die schwindelerregend hohe Summe viele, die der Kunst positive Kräfte zutrauen und einen besonderen Status zuerkennen, nochmals in ihrem Glauben bestärkt haben – unabhängig davon, aus welchen Motivationen heraus sie gezahlt wurde. Sie sehnen sich so sehr nach einer erhabenen Instanz, nach etwas, das nicht zu fassen ist und rätselhaft-unheimlich bleibt, dass sie neben eigenen Erfahrungen mit Werken gerade auch deren hohen Preis als Hinweis darauf nehmen, wie geheimnisvoll und verrückt Kunst doch ist. Sooft mir von den Kunstfreunden versichert worden sein mochte, dass sie Neo Rauchs ins Politische gehende Aussagen falsch oder zumindest fragwürdig fänden, so eifrig versuchten sie daher auch, diese zu verdrängen oder noch strikter zwischen Werk und Autor zu trennen.

Dass sich kunstreligiöse Topoi und der Kunstmarkt gegenseitig stärkend beeinflussen und für bildende Künstler auf diese Weise besondere Freiräume entstehen, zeigt sich erst recht, wenn man beobachtet, wie stark sich die Debatte über Neo Rauch von der über Uwe Tellkamp unterscheidet. Von Rauch distanzierte sich kein Galerist oder Museumsdirektor, Tellkamp hingegen begegnet seit seinem Auftritt im Frühjahr 2018 die offene Ablehnung großer Teile des Literaturbetriebs. Dabei sind seine politischen Einlassungen nicht radikaler als viele Äußerungen Rauchs. Doch wenn ein Schriftsteller viel Geld verdient, haftet seinem Reichtum – anders als einem hohen Preis für ein Gemälde – nichts Unerklärliches und damit auch nichts Geheimnisvolles an. Er hat dann keinen besonderen Nimbus, vielmehr haben einfach nur viele Menschen seine Bücher gekauft.

Dass die Werke berühmter Künstler so teuer sind, sorgt aber nicht nur für eine ehrfurchtgebietende Aura. Vielmehr bedeutet es zugleich, dass jeweils einzelne Käufer die gesamte große Summe gezahlt haben, ihnen also auch daran gelegen sein muss, ihr Geld möglichst gut investiert zu haben. Sie verfolgen die Preisentwicklung, und soweit es in ihrer Macht liegt, versuchen sie sie auch zu beeinflussen, zumindest aber zu verhindern, dass der Markt nachgibt. Alles, was das Image eines Künstlers wie Neo Rauch beeinträchtigen könnte, ist aus ihrer Perspektive eine Gefahr, die es zu minimieren gilt. Daher lässt man Kontakte spielen, betreibt Netzwerkpflege im Hintergrund, baut vielleicht sogar Druck auf. Infolge der Interessenpolitik derer, die insgesamt mehrere hundert Millionen in seine Werke angelegt haben, ist ein Künstler wie Rauch somit viel besser geschützt als sämtliche Schriftsteller.

Dazu kommt, dass man die mündlichen und tagespolitischen Aussagen bei Schriftstellern allein deshalb strenger beurteilt als bei Malern, weil sie im selben Medium formuliert sind wie ihre Werke. Da sie generell dem Wort verpflichtet sind, sollen Schriftsteller sich also auch besonders vernünftig und reflektiert äußern, am liebsten zudem in Essays und zeitdiagnostischen Texten. Bilder sind demgegenüber freier und unverbindlicher, und da sich das, was auf und mit ihnen gezeigt wird, je nach Ort und Gegenüber anders deuten lässt, ist auch die Rolle von Künstlern schillernder; sie können immer zugleich Provokateure und Clowns, Spieler und Radikale sein. Und in einer Variation auf die moderne Idee der Kunstfreiheit kann man sagen: Wenn schon für die Werke von Künstlern viel Freiraum existiert – warum sollte man dann ihre ephemeren Äußerungen so ernst und wörtlich nehmen?

Vielleicht gab es in der gesamten Kulturgeschichte kaum einmal freiere Menschen als die erfolgreichen Künstler der letzten Jahrzehnte. Wie viele andere auch profitierten sie von der Liberalität demokratisch-aufgeklärter Wohlstandsgesellschaften, hatten aber zusätzlich das doppelte Glück, einerseits noch in den Genuss der Traditionsreste kunstreligiöser Verehrung zu kommen und andererseits aufgrund des lange anhaltenden Booms auf dem Kunstmarkt sowie dank exorbitanter Preise für ihre Werke als große Autoritäten anerkannt zu sein. Alles zusammen verschaffte ihnen ein außergewöhnlich hohes Maß an Unabhängigkeit und Immunität.

Diese Phase aber scheint vorbei zu sein. Kunstreligiöse Topoi werden zunehmend gründlicher hinterfragt, die Globalisierung des Kunstbetriebs lässt andere, nicht-westliche Konzepte von Kunst einflussreicher werden, der Wohlstand wurde für manche bereits durch die Finanzkrise labil und dürfte für sehr viele mehr erst recht infolge der Corona-Krise bedroht sein. Mag es immer frustrierend sein, ein einmal erreichtes Niveau an Unabhängigkeit einzubüßen, so ist es für einen ostdeutschen Künstler wie Neo Rauch sicher noch schlimmer. Denn so stark und vielfältig er Freiheit in den Jahren nach 1990 erfahren haben dürfte, so sehr verspürt er wohl in dem Moment, in dem neue Grenzen – welcher Art auch immer – auftauchen, die Angst, die Umstände der eigenen Jugend könnten, gar in gesteigerter Form, zurückkehren. War die erlebte Freiheit also nur ein kurzer Traum, eine schöne, vielleicht auch unheimliche, ohnehin immer beargwöhnte Illusion?

In Interviews signalisiert Rauch immer wieder, sich im Modus der Krisen- und Katastrophenerwartung zu befinden. Offenbar befürchtet er, es könnte ihm Wichtiges, die eigene Heimat, letztlich gar alles genommen werden. Während einer globalen Krise würde er sich jedenfalls am liebsten »im Schatten eines lokalen Wurzelgrundes« aufhalten, dort könnte er wenigstens »noch einen Strohhalm [finden], an den ich mich klammern kann«. Zugleich scheint Rauch sich für schwerere Zeiten gerüstet zu fühlen. Noch allerdings sei »alles lächerlich [gewesen] bis jetzt«, sagte er 2011, »die Gefechte, die wir mitunter austragen, tragen wir mit Pappschwertern aus«.[1]

Vermutlich schätzt Rauch den *Anbräuner* aber schon als mehr denn bloß harmloses Pappschwert ein, ja sieht das Gemälde innerhalb eines größeren Konflikts, der weiter zu eskalieren droht, um schließlich gar in einen Aufstand zu münden. Zumindest aber scheint mir *Der Anbräuner* der aus Furcht und Trauer gespeiste Wutausbruch von einem zu sein, der um seine Freiheit bangt und es vielleicht auch bereits als Kränkung empfindet, seine privilegierte Position eigens verteidigen zu müssen. Hier werden schlechte Zeiten nicht mehr nur erwartet, sondern bereits als gegenwärtig und real empfunden.

Man kann spekulieren, ob Rauch seine Wut nicht sogar direkt ins Bild gesetzt hat. Vielleicht hat er sie seinem Kritiker sogar vor die Füße geworfen – sie ihm in Form eines Hammers auf den Fuß fallen lassen, mit dem er gerade in einen Topf voller Scheiße tritt. Es ist unklar, woher der Hammer rechts unten im Bild kommt, er scheint aber von oben – oder gar von außerhalb des Bildraums? – auf den Fuß zu treffen, mit dem schweren Eisenkopf nach unten. Der Form nach sieht er damit wie ein umgedrehtes »T« aus – und da er fast direkt neben den Initialen »W« und »U« platziert ist, ergibt sich, passend zur Bedeutung, das aus der Fassung geratene Wort »WUT«. Die Initialen des Kritikers, der die Freiheit des Künstlers und mehr noch die gesamte Gesellschaft durch sein Anbräunen angreift, lassen sich also geradezu als Menetekel der Wut deuten, die sein verwerfliches Tun auslöst.

Rauchs Gemälde macht mich als Auslöser und Adressat seiner Wut kenntlich, die schon länger in ihm gereift sein dürfte. Mit dem Philosophen Peter Sloterdijk gesprochen, der der politischen Karriere von Zorn und Wut 2006 ein Buch gewidmet hat, hat diese Emotion beim *Anbräuner* die »Explosionsstufe« erreicht, ist aber vielleicht auch schon in die »Projektform« übergegangen, so wie es in einer zu Umsturz und Revolution bereiten Stimmung geboten ist.[2] Dann wäre mein Artikel nur der Anlass gewesen, um einer länger aufgesparten Wut zu einem passenden Zeitpunkt eine wirksame Gestalt zu geben. Sie wäre mit dem Malen des Bildes auch nicht unbedingt verbraucht, vielmehr wäre durch die Erfahrung, ihren Ausbruch verzögern und steuern zu können, auch ein Bewusstsein dafür da, dass noch mehr aus ihr gemacht werden könnte. Die Wut würde dann als Ressource begriffen, was gemäß Sloterdijk auch die Voraussetzung für eine Revolution oder eine Wende ist. Um eine große Menge der Ressource »Wut« zu produzieren, genüge es aber nicht, dass Einzelne sie kultivieren; verlangt sei stattdessen »die Aufhebung der lokalen Wutvermögen und der zerstreuten Haßobjekte in eine übergreifende Instanz, deren Aufgabe [...] darin besteht, als Sammelstelle und Verwertungsagentur für Einlagen zu dienen«.[3] Die Wut nimmt dann also »Bankform« an. Damit es so weit komme, bedürfe es jedoch »diabolische[r] Regisseure«, die »visionäre Parolen« erfinden, »die nicht nur zur akuten Wut der Menschen sprechen, sondern auch zu ihren tieferen Verbitterungen, nicht zuletzt ihren Hoffnungen und ihrem Stolz«.[4] In diesem Sinne könnte Rauch tatsächlich ein »diabolischer Regisseur« sein, der mit dem *Anbräuner* – anders als mit seinen bisherigen, viel zu verrätselten, unzugänglichen Werken – einer weit verbreiteten Zeitstimmung Ausdruck verliehen und diese damit noch polemischer aufgeladen hat.

Vielleicht wird es eine Zukunft geben, in der Neo Rauchs *Anbräuner* als ein Markstein auf dem Weg zu einer Institutionalisierung und Konzentration spezifischer Wut und damit als eine solche »visionäre Parole« gelten wird, mit der es gelungen ist, ein Feindbild hinreichend klar zu fassen. Als solches könnte man es dann auch als ein »Schlagbild« bezeichnen, dies ein Begriff, der erstmals von Aby Warburg verwendet und später von dem Kunsthistoriker Michael Diers aufgegriffen und terminologisch gefasst wurde. Ein Schlagbild, so Diers, vermag nicht nur »eine Zeit oder Zeitströmung auf einen stimmigen, mitunter auch polemischen Begriff zu bringen«, sondern zeugt vor allem von »Angriffslust«. Es gehöre zu den »aktiven Bildern« und biete eine »ganz auf Wirkung verlegte, eindrückliche Darstellung«.[5] Mit der Wut als Auftraggeber, so ließe sich in jener Zukunft vielleicht sagen, habe Rauchs Gemälde die Grundlage dafür geliefert, dass auch andere ihre Emotionen besser spüren und sich mit Gleichgestimmten verbinden konnten. So sei es zu einem hochpolitischen Faktor geworden. Ein Konflikt habe durch das Bild eine zusätzliche Dynamik erfahren, sich gar zur Krise gesteigert. Schließlich habe es zu größeren und alles andere als friedlichen Umbrüchen mobilisiert.

Natürlich wünsche ich mir eine andere Zukunft: eine Zukunft, in der man Rauchs Gemälde würdigen wird, weil es – qua Bild – dazu beitragen konnte, einen spezifischen Ost-West-Konflikt sichtbarer zu machen. Vieles, was bis dahin nicht offen genug diskutiert wurde, so könnte man dann sagen, ließ sich damit endlich ansprechen. Das allein schlichtete zwar noch lange keinen Streit, aber es sei auf einmal zumindest möglich geworden, entgegengesetzte Positionen etwas besser zu erschließen, statt ihnen wechselseitig jegliche Berechtigung abzusprechen. Und vielleicht wird das Gemälde *Der Anbräuner* in dieser anderen Zukunft in keinem Vereinsfoyer hängen und schon gar nicht als heroisches Revolutionsbild verehrt werden, sondern einen Platz gefunden haben, an dem es ganz unabhängig von den Intentionen, mit denen es gemalt und ersteigert wurde, an einen dann endlich überwundenen Konflikt erinnert.

Abbildungen

Abb. 1   Neo Rauch: *Der Anbräuner*, 2019

Abb. 2   Jörg Immendorff: *Wo stehst Du mit Deiner Kunst, Kollege?*, 1973

Abb. 3   George Grosz:
Die Stützen der Gesellschaft, 1926

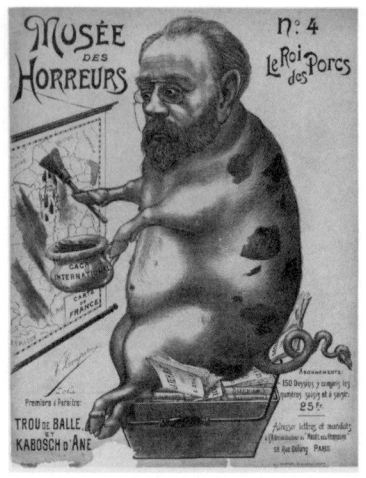

Abb. 4 *»Musée des Horreurs«* –
anonyme Karikatur gegen
Émile Zola, Paris, 1899

Abb. 5 A. Paul Weber:
Der Denunziant, 1934/47

Abb. 6   *Der Anbräuner* nach der
Ersteigerung durch Christoph Gröner (links), 2019

Anmerkungen

Vorbemerkung

1 Zit. nach Martin Machowecz: ›Unter Verkaufskünstlern‹, in: *Die ZEIT* 32 / 2019, 1.8.2019, https://www.zeit.de/2019/32/neo-rauch-der-anbraeuner-versteigerung-auktion-exkremente-bild.

2 Ulrich Heinen: ›Der Stil des Politischen. Das zivile Leben als sein Grund, sein Merkmal und seine Norm um 1600‹, in: *Politikstile und die Sichtbarkeit des Politischen in der Frühen Neuzeit*, hg. von Dietrich Erben / Christine Tauber, Passau: Dietmar Klinger Verlag 2016, S. 129 – 156, hier S. 146.

3 Horst Bredekamp: *Der Bildakt*, Berlin: Wagenbach 2015, S. 31.

1 Die Rechtsverschiebung der Idee autonomer Kunst

1 Vgl. Wolfgang Ullrich: ›Auf dunkler Scholle‹, in: *Die ZEIT* 21 / 2019, 16.5.2019, https://www.zeit.de/2019/21/kunstfreiheit-linke-intellektuelle-globalisierung-rechte-vereinnahmung.

2 Vgl. Petition ›Metropolitan Museum of Art: Remove Balthus' Suggestive Painting of a Pubescent Girl, Thérèse Dreaming‹, https://www.thepetitionsite.com/de-de/157/407/182/metropolitan-museum-of-art-remove-balthus-suggestive-painting-of-a-pubescent-girl-thérèse-dreaming/.

3 Julia Pelta Feldman: ›Mythos Kunstfreiheit‹, in: *ZEIT online*, 2.1.2018, http://www.zeit.de/kultur/kunst/2017-12/zensur-debatte-kunstfreiheit-sexismus-metropolitan-balthus/komplettansicht.

4 AfD-Fraktion im Bundestag: ›Für die Freiheit der Kunst – gegen die Diktatur der 'Vielen'‹, 27.3.2019, https://www.afdbundestag.de/fuer-die-freiheit-der-kunst-gegen-die-diktatur-der-vielen-afd-fraktion-im-bundestag/.

5 Vgl. z.B. Wolfgang Ullrich: ›Wie autonom ist die Autonomie?‹, in: Ders.: *Gesucht: Kunst! Phantombild eines Jokers*, Berlin: Wagenbach 2007, S. 47–70; Ders.: ›Kunstkritik zwischen Gebrauchswertprüfung und Glaubensbekenntnis‹, in: Ders.: *An die Kunst glauben*, Berlin: Wagenbach 2011, S. 129–145.

2 Neo Rauchs Oppositionskurs

1 Frank Lisson: *Homo Absolutus. Nach den Kulturen*, Schnellroda: Antaios ²2015, S. 225f.

2 Friedrich Nietzsche: *Kritische Studienausgabe* (KSA), Bd. 13, Gruppe 14 (117), S. 295 = *Der Wille zur Macht* (WM), Nr. 800.

3 Filippo Tommaso Marinetti: ›Gründung und Manifest des Futurismus‹ [1909], in: *Der Futurismus. Manifeste und Dokumente einer künstlerischen Revolution 1909–1918*, hg. von Umbro Apollonio, Köln: DuMont Schauberg 1972, S. 30–36, hier S. 33.

4 Ulf Lippitz / Neo Rauch: ›'Ich werde mit Berlin einfach nicht warm'‹, in: *Der Tagesspiegel*, 13.3.2017, https://www.tagesspiegel.de/gesellschaft/maler-neo-rauch-ich-werde-mit-berlin-einfach-nicht-warm/19499336.html.

5 Vgl. z.B. Elke Buhr / Jens Hinrichsen: ›Viel Feuer … oder Rauch um nichts?‹, in: *Monopol* 4/2010, S. 32–41.

6 Rosa Loy / Neo Rauch / Christian Rickens / Susanne Schreiber: ›'Das ist die Talibanisierung unserer Lebenswirklichkeit'‹, in: *Handelsblatt*, 19.4.2018, https://www.handelsblatt.com/arts_und_style/kunstmarkt/kuenstlerpaar-rosa-loy-und-neo-rauch-das-ist-die-talibanisierung-unserer-lebenswirklichkeit/21189370.html.

7 Vgl. dazu Wolfgang Ullrich: ›Gegen den Kanon‹ (2019), in: *POP-Zeitschrift*, 15.1.2019, https://pop-zeitschrift.de/2019/01/15/gegen-den-kanonvon-wolfgang-ullrich15-01-2019/.

8 Loy / Rauch / Rickens / Schreiber 2018 (wie Anm. 6 / Kap. 2).

9 Alle Zitate aus: Martin Machowecz / Neo Rauch: ›Meister der hocherotischen Zone. Arno Rink‹, in: *Die ZEIT* 38/2017, 14.9.2017, https://www.zeit.de/2017/38/arno-rink-neo-rauch-maler-moralismus/komplettansicht.

10　Loy / Rauch / Rickens / Schreiber 2018 (wie Anm. 6 / Kap. 2).

11　Ingeborg Harms / Christine Lemke-Matwey / Rosa Loy / Neo Rauch: ›Die Birne in der Fassung‹, in: *Die ZEIT* 29 / 2018, 12.7.2018, https://www.zeit.de/2018/29/lohengrin-bayreuther-festspiele-neo-rauch-rosa-loy/komplettansicht.

12　Britt Schlehahn / Wolfgang Ullrich: ›Kunst in Zeiten der AfD‹, in: *kreuzer online*, 2.8.2018, https://kreuzer-leipzig.de/2018/08/02/kunst-in-zeiten-der-afd/.

13　Vgl. dazu Wolfgang Ullrich: ›Nachkunst. Metamorphosen des Werkbegriffs in kuratierter und politischer Kunst der Gegenwart‹, in: *Kunstforum International* 254 (2018), S. 62 – 77, hier S. 74.

14　»I've always liked to impose meanings on paintings that can't quite bear them«, zit. nach Calvin Tomkins: ›Lifting the veil. Old Masters, pornography, and the work of John Currin‹, in: *The New Yorker*, 28.1.2008, https://www.newyorker.com/magazine/2008/01/28/lifting-the-veil.

3 Autonomie als Selbstbehauptung

1　Kolja Reichert: ›Kunstfreiheit, was ist das?‹, in: *Frankfurter Allgemeine Sonntagszeitung*, 30.6.2019, https://www.faz.net/aktuell/feuilleton/kunst/kunstfreiheit-was-ist-das-16260397.html.

2　Vgl. ›Die WELT des Neo Rauch‹, in: *Die Welt*, 30.10.2013, https://www.welt.de/kultur/kunst/gallery169119037/Die-WELT-des-Neo-Rauch.html.

3　Walter Grasskamp: ›Raumbilder‹, in: *Deutsche Kunst im 20. Jahrhundert. Malerei und Plastik 1905 – 1985*, hg. von Christos M. Joachimides / Norman Rosenthal / Wieland Schmied, München: Prestel 1986 [Ausstellungskat. Staatsgalerie Stuttgart 1986], S. 125 – 133, hier S. 125.

4　Das Gutachten ist abgedruckt in: Robert Eikmeyer / Doris Mampe: *Jonathan Meese, 1970 – 2023, oder: Mach dich unwählbar*, Köln: Walther König 2018, S. 452 – 460.

5　Ulrike Knöfel / Jonathan Meese / Marianne Wellershoff: ‹Die Leute sind ichversaut›. SPIEGEL-Gespräch mit Jonathan Meese‹,

in: *Der Spiegel* 29/2013, 15.7.2013, http://www.spiegel.de/spiegel/
gespraech-mit-jonathan-meese-ueber-den-hitlergruss-und-seinen-
prozess-a-912044.html.

6 Harms/Lemke-Matwey/Loy/Rauch 2018 (wie Anm. 11/Kap. 2).

7 Loy/Rauch/Rickens/Schreiber 2018 (wie Anm. 6/Kap. 2.).

8 Harms/Lemke-Matwey/Loy/Rauch 2018 (wie Anm. 11/Kap. 2).

4 Dissident und Denunziant

1 Vgl. z.B. ›Der Anbräuner: Die kalte Rache des Neo Rauch‹, 30.6.2019,
https://www.politplatschquatsch.com/2019/06/der-anbrauner-die-
kalte-rache-des-neo.html; Kommentare unter einem Facebook-Post
von Axel Krause, 28.6.2019, https://www.facebook.com/photo.
php?fbid=2057130544592976&set=a.1578958549076847&type=3
&eid=ARBnQtM-Xwdso7F4BZrEsqH_2W6T90xeyFQtcEz0V-
RLOoEas9mj8ENXul95H1AW-zmHkwL8bus6BPisL.

2 Vgl. Rose-Maria Gropp/Neo Rauch/Stefan Trinks: ›'Ich arbeite
an der Wiederverzauberung der Welt'. Interview mit Neo Rauch‹,
in: *Frankfurter Allgemeine Zeitung*, 24.1.2018, https://www.faz.net/
aktuell/stil/neo-rauch-im-interview-15413977.html?printPaged-
Article=true#pageIndex_2.

3 Ernst Jünger: ›Die Hoffnung führt weiter als die Furcht‹, in: *Ver-
leihung des Goethepreises der Stadt Frankfurt an Ernst Jünger am 28.
August 1982 in der Paulskirche,* Dezernat für Kultur und Freizeit der
Stadt Frankfurt am Main, Amt für Wissenschaft und Kunst, Ge-
schäftsstelle des Goethe-Preises, Frankfurt am Main 1982, S. 21–25,
hier S. 24.

4 »Selberdenker«: ›'Waldgänger' im 'Zeitalter der Anbräuner'‹, in: *PI-
News*, 7.3.2017, http://www.pi-news.net/2017/03/waldgaenger-im-
zeitalter-der-anbraeuner/#more-557744.

5 Vgl. Wolfgang Ullrich: ›Die Wiederkehr der Schönheit. Über
einige unangenehme Begegnungen‹, in: *POP-Zeitschrift*, 7.11.2017,
https://pop-zeitschrift.de/2017/11/07/die-wiederkehr-der-schoen-
heit-ueber-einige-unangenehme-begegnungenvon-wolfgang-ull-
rich07-11-2017/.

6 Ernst Jünger: *Der Waldgang* [1951], Stuttgart: Klett-Cotta 2014, S. 40.

7 Ebd., S. 68.

8 ›Charta 2017 – Zu den Vorkommnissen auf der Frankfurter Buchmesse 2017‹, https://www.openpetition.de/petition/online/charta-2017-zu-den-vorkommnissen-auf-der-frankfurter-buchmesse-2017.

9 Vgl. ›Streitbar! Wie frei sind wir mit unseren Meinungen?‹, https://www.youtube.com/watch?v=xlFUi0Zbr-g, 01:05:45.

10 Vgl. Tweet des Suhrkamp-Verlags, 9.3.2018, https://twitter.com/suhrkamp/status/972035792003616769.

11 Tweet von Alexander Will, 11.3.2018, https://twitter.com/AF_Will/status/972941774632243200.

12 Vgl. Jörg Scheller / Wolfgang Ullrich: ›Im Stahlgezwitscher‹, in: *POP-Zeitschrift*, 14.3.2018, https://pop-zeitschrift.de/2018/03/14/social-media-maerzvon-joerg-scheller-und-wolfgang-ullrich14-03-2018/.

13 Vgl. z.B. Tweet von Norbert Bolz, 16.12.2019, https://twitter.com/norbertbolz/status/1206491399572664320; Vera Lengsfeld: ›Praktiken der alltäglichen Denunziation‹, 7.9.2016, https://vera-lengsfeld.de/2016/09/07/praktiken-der-alltaeglichen-denunziation/.

14 Vgl. Timo Grampes / Wolfgang Ullrich: ›Neo Rauch und sein 'Protestbild'. Wer ist denn nun der 'Anbräuner'?‹, in: *Deutschlandfunk Kultur*, 28.6.2019, https://www.deutschlandfunkkultur.de/neo-rauch-und-sein-protestbild-wer-ist-denn-nun-der.2156.de.html?dram:article_id=452619.

5 Der Kritiker als Feindbild

1 Rosa Loy / Boris Pofalla / Neo Rauch / Dagmar von Taube: ›Der Feldherrenhügel der 'Genossin' Kahane. Gespräch mit Rosa Loy und Neo Rauch‹, in: *Welt am Sonntag*, 7.7.2019, in: https://www.welt.de/kultur/plus196453027/Neo-Rauch-und-Rosa-Loy-Der-Feldherrenhuegel-der-Genossin-Kahane.html.

2 Vgl. z.B. Anja Loesel: ›Genie oder deutscher Dackel?‹, in: *Der Stern*, 18.4.2010, https://www.stern.de/kultur/kunst/neo-rauch-wird-

50-jahre-alt-genie-oder-deutscher-dackel--3570090.html; Georg Diez: ›Eine Geisteshaltung, die man einüben kann‹, in: *Spiegel Online*, 15.7.2018, https://www.spiegel.de/kultur/gesellschaft/widerstand-undogmatische-menschlichkeit-bitte-kolumne-a-1218333.html; Christian Wolff: ›Stauffenberg, Neo Rauch und die Umdeutung der Geschichte‹, in: *Leipziger Internetzeitung*, 20.7.2018, https://www.l-iz.de/leben/gesellschaft/2018/07/Gastkommentar-von-Christian-Wolff-Stauffenberg-Neo-Rauch-und-die-Umdeutung-der-Geschichte-225798.

3 Vgl. Liam Gillick: ›Oh! Wolfgang / Good Grief! Limited Edition‹, https://www.brigadecommerz.com/product-page/liam-gillick-3.

4 Gropp / Rauch / Trinks 2018 (wie Anm. 2 / Kap. 4).

5 Susanne Beyer / Ulrike Knöfel / Neo Rauch: ›Zeit der zarten Bitternis. SPIEGEL-Gespräch mit Neo Rauch‹, in: *Der Spiegel* 38 / 2006, 18.9.2006, https://www.spiegel.de/spiegel/print/d-48902762.html.

6 Loy / Pofalla / Rauch / von Taube 2019 (wie Anm. 1 / Kap. 5).

7 Oliver Bentz / Neo Rauch: ›Es macht Spaß, Tyrann und Schöpfer zu sein. Interview mit Neo Rauch‹, in: *Wiener Zeitung*, 22.7.2011, https://www.wienerzeitung.at/nachrichten/kultur/kunst/384292-Neo-Rauch.html?em_no_split=1.

8 Zit. nach Loesel 2010 (wie Anm. 2 / Kap. 5).

9 Vgl. Petra Kunzelmann: ›Gemalte Antikritik. Zu bildkünstlerischen Reaktionsweisen auf die Kunstkritik‹, in: *Vom Streit zum Bild. Bildpolemik und andere Waffen der Künstler*, hg. von Doris H. Lehmann, Merzhausen: Ad Picturam 2017, S. 191–220, https://books.ub.uni-heidelberg.de/arthistoricum/reader/download/212/212-17-78661-3-10-20170810.pdf. – Für den Hinweis auf den Aufsatz danke ich Grischka Petri.

10 Vgl. Nero Rauch [sic!], zit. nach: *Probleme des Realismus heute. Von Leipzig bis Amsterdam, Sonderheft mit Protokoll des Internationalen Künstlersymposions vom 27.–30. Oktober 1988 in der Städtischen Galerie Schloss Oberhausen*, hg. vom Ludwig-Institut für Kunst der DDR Oberhausen, Oberhausen: Ludwig-Institut 1989, S. 74. – Für den Hinweis darauf danke ich Frank-Heinrich Müller.

11 Harald Metzkes: ›Antwort auf die Umfrage des Deutschen Künstler-

bundes zur Kunst in der ehemaligen DDR‹ (1990), in: Ders.: *Ich und Herr H. Schriften, Reden, Aufzeichnungen, Prosa*, hg. von Jörg Makarinus, Amsterdam / Dresden: Verlag der Kunst 2000, S. 49.

12 Thomas Gatzemeier: ›Die Gegner sind besiegt‹, in: *Frankfurter Allgemeine Zeitung*, 30.3.1990, nachzulesen unter: https://soll-und-haben-verlag.de/wp-content/uploads/2018/02/1995-17-Plastiken-96-dpi.pdf, S. 20–21.

13 Zit. nach Jürgen Hohmeyer: ›Wie Gift‹, in: *Der Spiegel* 31 / 1990, 30.7.1990, https://www.spiegel.de/spiegel/print/d-13502576.html.

14 Siegfried Gohr: ›Die DDR-Kunst war nur ein Nebenkriegsschauplatz‹, in: *Die Welt*, 2.6.2009, https://www.welt.de/welt_print/article3843354/Die-DDR-Kunst-war-nur-ein-Nebenkriegsschauplatz.html.

15 Beyer / Knöfel / Rauch 2006 (wie Anm. 5 / Kap. 5)

16 ›Gespräch Klaus Werner und Neo Rauch am 18. Februar 1997‹, in: *Neo Rauch »Manöver«*, Katalog Galerie EIGEN + ART, Leipzig 1997, S. 6–20, hier S. 10.

17 Beyer / Knöfel / Rauch 2006 (wie Anm. 5 / Kap. 5).

18 Kunzelmann 2017 (wie Anm. 9 / Kap. 5), S. 212 und 215.

19 Ebd., S. 215.

20 Rudij Bergmann: ›Neo Rauch – ein deutscher Maler‹, 45 Minuten, 2007, https://www.youtube.com/watch?v=_7MbiI5LNzg&t=2107s, hier: hier: 35:07.

6 Kulturkampf

1 Wolfgang Ullrich: ›Pracht und Leerlauf‹, in: *Art* 10 / 2011, S. 100.

2 Ders.: *Siegerkunst. Neuer Adel, teure Lust*, Berlin: Wagenbach 2016, S. 144.

3 Thomas D. Trummer: ›In der Enge des Sonderlings‹, in: *artmagazine*, 30.7.2019, http://www.artmagazine.cc/content108407.html.

4 Thomas Assheuer: ›Der Vulkan brodelt, das Magma des Unmuts steigt auf‹, in: *Die ZEIT* 13 / 2020, 19.3.2020, https://www.zeit.de/2020/13/uwe-tellkamp-ddr-autoren-kritische-oeffentlichkeit.

5 Vgl. Florian Illies: *Generation Golf. Eine Inspektion*, Berlin: Argon 2000.

6   Steffen Mau: *Lütten Klein. Leben in der ostdeutschen Transforma-*
    tionsgesellschaft, Berlin: Suhrkamp 2019, S. 142.

7   Hans-Joachim Maaz: *Das gespaltene Land. Ein Psychogramm*, Mün-
    chen: C.H. Beck 2020, S. 129.

8   Ingo Schulze: *Die rechtschaffenen Mörder*, Frankfurt am Main: S. Fi-
    scher 2020, Zitate auf den Seiten 64, 168, 118, 279 und 166f.

9   Mau 2019 (wie Anm. 6 / Kap. 6), S. 140.

10 Hubertus Giebe: ›Kulturelle Krisen nach der Wiedervereinigung‹
    [1997], in: Ders.: *Der geschliffene Elfenbeinturm. Widerreden und Wür-*
    digungen, Leipzig: Leipziger Literaturverlag 2010, S. 18 – 24, Zitate auf
    den Seiten 19, 24, 18 und 19.

11 Neo Rauch: ›Gespräch in Aschersleben mit Wolfgang Büscher am
    Abend des 26. November 2011 in der Villa Westerberge‹, in: *Neo*
    Rauch. Das grafische Werk 1993–2012, hg. von Corinna Wolfien,
    Ostfildern: Hatje Cantz 2012, S. 24 – 36, hier S. 32.

12 Andreas Reckwitz: *Das Ende der Illusionen. Politik, Ökonomie und*
    Kultur in der Spätmoderne, Berlin: Suhrkamp 2019, Zitate auf den
    Seiten 47, 40, 44, 50ff.

13 Uwe Tellkamp: *Das Atelier*, Dresden: Edition Buchhaus Loschwitz
    2020, S. 56 und 85.

14 Ebd., Zitate auf den Seiten 101, 20, 66 und 33.

7   Revolutionäres Bewusstsein und (de)kolonisierte Kunst

1   Bentz / Rauch 2011 (wie Anm. 7 / Kap. 5).

2   »Caricaturists of both the Reformation and the French Revolution
    have used scatological, and even stercoral, imagery in their depic-
    tion of their enemies«, Claude Gandelman: ›'Patri-arse': Revolu-
    tion as Anality in the Scatological Caricatures of the Reformation
    and the French Revolution‹, in: *American Imago* 53, Nr. 1 (1996),
    S. 7 – 24, hier S. 7f.

3   »The ›face‹ of the enemy is his ›bottom‹«, ebd., S. 15.

4   »It can be said that it was for the ›purgation‹ of the ›human
    excrement‹ – the enemies of the Revolution – that the guillotine
    was needed«, ebd., S. 21.

5   Zur Einordnung der Karikatur vgl. Florian Werner: *Dunkle Materie. Die Geschichte der Scheiße*, München: Nagel und Kimche 2011, S. 154. – Für den Hinweis auf das Buch danke ich Harry Walter.

6   Vgl. Kommentar von »donquichotte« zu Martin Machowecz: ›Eine gemalte Replik‹, in: *Die ZEIT* 27 / 2019, 27.6.2019, https://www.zeit. de/2019/27/neo-rauch-wolfgang-ullrich-kunst-diskurs?page=2#-comments.

7   Durs Grünbein: ›Die süße Krankheit Dresden‹, in: *Süddeutsche Zeitung*, 13.3.2018, https://www.sueddeutsche.de/kultur/autoren-debatte-die-suesse-krankheit-dresden-1.3903939?.

8   Mau 2019 (wie Anm. 6 / Kap. 6), S. 136.

9   Yana Milev: *Das Treuhand-Trauma. Die Spätfolgen der Übernahme*, Berlin: Das Neue Berlin 2020, S. 253.

10 Ebd., S. 35.

11 Thomas Oberender: ›Im Osten viel Neues‹, in: *Theater heute*, November 2019, https://www.der-theaterverlag.de/free/artikel/im-osten-viel-neues/.

12 Paul Kaiser: ›Wende an den Wänden‹, in: *Sächsische Zeitung*, 18.9.2017, http://www.kulturstudien-dresden.de/wa_files/Pressespiegel_20Bilderstreit.pdf.

13 Hanno Rauterberg: ›Kesseltreiben in Weimar‹, in: *Die ZEIT* 22 / 1999, 27.5.1999, https://www.zeit.de/1999/22/199922..b7._fortsetzung.xml/komplettansicht.

14 Zit. nach Michael Bartsch: ›Die verletzte ostdeutsche Seele‹, in: *taz*, 7.11.2017, https://taz.de/Bilderstreit-in-Dresden/!5457974/.

15 Daniel Matissek: ›Milliardenraub von Dresden: ein Gleichnis für die Plünderung Deutschlands‹, zuerst in: *Journalistenwatch*, 25.11.2019, https://www.journalistenwatch.com/2019/11/25/was-raub-dresden/; danach hier: https://juergenfritz.com/2019/11/27/milliardenraub-von-dresden-ein-gleichnis-fuer-die-pluenderung-deutschlands/ und unter http://www.tatjanafesterling.de/archiv_2019.11.php.

16 Martin Machowecz / Hanno Rauterberg / Holger Stark / Tobias Timm: ›Allein im Gewölbe‹, in: *Die ZEIT* 12 / 2020, 12.3.2020,

https://www.zeit.de/2020/12/museumsraub-dresden-juwelen-raub-gruenes-gewoelbe/komplettansicht.

17 Michael Bartsch: ›'Identitätsgroteske': Marion Ackermann über den Dresdner Juwelenraub‹, in: *MDR Kultur*, 17.2.2020, https://www.mdr.de/kultur/dresdner-reden-marion-ackermann-100.html.

18 Vgl. https://galerie.manuscriptum.de.

19 Wolfgang Engler / Jana Hensel: *Wer wir sind. Die Erfahrung, ostdeutsch zu sein*, Berlin: Aufbau 2018, S. 96f.

20 Björn Höcke / Sebastian Hennig: *Nie zweimal in denselben Fluss, Björn Höcke im Gespräch mit Sebastian Hennig*, Lüdinghausen / Berlin: Manuscriptum 2018, S. 194.

21 Vgl. Lukas Ondreka: ›Joachim Gauck, die Ossis und Dunkeldeutschland‹, in: *Süddeutsche Zeitung*, 26.8.2015, https://www.sueddeutsche.de/politik/bundespraesident-joachim-gauck-die-ossis-und-dunkeldeutschland-1.2622780.

22 Sebastian Hennig: *Unterwegs in Dunkeldeutschland*, Dresden: Meinhold 2017, S. 33.

8 DDR 2.0

1 Naika Foroutan / Daniel Schulz: ›Ostdeutsche sind auch Migranten‹, in: *taz*, 13.5.2018, https://taz.de/Professorin-ueber-Identitaeten/!5501987/.

2 Vgl. Liane Bednarz: ›Die AfD als 'Vollenderin' der friedlichen Revolution?‹, in: *tagesspiegel.de*, https://causa.tagesspiegel.de/kolumnen/liane-bednarz/die-afd-als-vollenderin-der-friedlichen-revolution.html.

3 Christoph Tannert: ›Kunst ist Demut‹, in: *Sebastian Jung. Ost Deutsch Now. Betrachtungen zu Ostdeutschland aus Kunst, Theorie und Praxis*, hg. von Ella Falldorf, Bielefeld: Kerber 2019, S. 20.

4 Vgl. z.B. Ullrich 2018 (wie in Anm. 13 / Kap. 2).

5 Vgl. Frank Jansen: ›Rechtsextreme Hasswelle gegen Amadeu-Antonio-Stiftung‹, in: *Der Tagesspiegel*, 25.4.2016, https://www.tagesspiegel.de/berlin/stasi-vorwuerfe-und-gewaltandrohung-rechtsextreme-hasswelle-gegen-amadeu-antonio-stiftung/13499832.html.

6   Loy / Pofalla / Rauch / von Taube 2019 (wie Anm. 1 / Kap. 5).

7   Vgl. z.B. die Facebook-Post vom 29.5.2019, https://www.face-book.com/permalink.php?story_fbid=2037313963241301&id=100008881501633; 9.8.2019, https://www.facebook.com/permalink.php?story_fbid=2082373542068676&id=100008881501633; 15.8.2019, https://www.facebook.com/permalink.php?story_fbid=2085779978394699&id=100008881501633.

8   ›Kunstverbot: Weltgericht gegen Pinselstrich‹, 4.6.2019, https://www.politplatschquatsch.com/2019/06/kunstverbot-weltgericht-gegen.html.

9   Tano Gerke / Oliver Niehaus: ›'Der Künstler wird unfreier' – Im Gespräch mit Axel Krause‹, in: *Anbruch*, 3.9.2018, https://www.anbruch-magazin.de/im-gespraech-mit-axel-krause/.

10 Forum demokratische Kultur und zeitgenössische Kunst: ›Ein AfD-Propagandist als Repräsentant der Leipziger Kunstszene‹, in: *Belltower News*, 28.5.2019, https://www.belltower.news/kultur-ein-afd-propagandist-als-repraesentant-der-leipziger-kunstszene-85753/.

9   Rechte Rezeption

1   Maaz 2020 (wie Anm. 7 / Kap. 6), S. 161.

2   Till-Lucas Wessels: ›Sonntagsheld (112) – Neuer Rauch aus alter Asche‹, in: *Sezession*, 30.6.2019, https://sezession.de/61347/sonntagsheld-112-neuer-rauch-aus-alter-asche.

3   Vgl. z.B. Tweet von Peter Weigl, 1.3.2020, https://twitter.com/weigl_/status/1234054441658143129; Tweet von »Mr. Tanner«, 8.2.2020, https://twitter.com/mrwillietanner/status/1226147108400586753.

4   Vgl. z.B. Facebook-Post von Axel Krause, 22.7.2019, https://www.facebook.com/permalink.php?story_fbid=2071247689847928&id=100008881501633; ebd., 29.6.2019, https://www.facebook.com/permalink.php?story_fbid=2057560027883361&id=100008881501633; https://www.journalistenwatch.com/2019/07/01/neo-rauch-anbraeuner; Peter Sichrovsky: ›'Der Anbräuner'‹, in: *Schlaglichter*, 30.6.2019, https://www.schlaglichter.at/der-anbraeuner/.

5 Tweet von »Boris Balkan«, 28.6.2019, https://twitter.com/FRBoris-Balkan/status/1144622141675057152; ›Der Anbräuner. Die kalte Rache des Neo Rauch‹ 2019 (wie Anm. 1 / Kap. 4).

6 Tano Gerke / Jonas Maron: ›Neo Rauch bricht den Konsens‹, in: *Anbruch*, 29.6.2019, https://www.anbruch.info/neo-rauch-konsens/.

7 ›Der Künstler Neo Rauch – Ein politischer Grenzgänger?‹, in: *Anbruch*, 4.11.2018, https://www.anbruch.info/der-kuenstler-neo-rauch-ein-politischer-grenzgaenger/.

8 Benjamin Jahn Zschocke: ›Neo Rauchs konservatives Minimum‹, in: *Sezession* 52 (2013), S. 28–33, hier S. 28, auf: https://sezession.de/wp-content/uploads/2013/01/Sez52.pdf.

9 Tweet von Maximilian Krah, 30.6.2019, https://twitter.com/Krah-Max/status/1145341943909687302.

10 Michael Klonovsky: ›Acta diurna vom 30. Juni 2019‹, https://www.michael-klonovsky.de/acta-diurna/item/1144-30-juni-2019; Ders.: ›Acta diurna vom 3. August 2019‹, https://www.michael-klonovsky.de/acta-diurna/item/1173-3-august-2019.

11 Vgl. Daniel Hornuff: *Hassbilder. Gewalt posten, Erniedrigung liken, Feindschaft teilen*, Berlin: Wagenbach 2020, S. 22–25.

12 Vgl. z.B. Tweet von »E. Schmidt«, 25.4.2020, https://twitter.com/berlin_esc/status/1254028713009831936; ebd., 26.4.2020, https://twitter.com/berlin_esc/status/1254320069661818881.

10 Charity und Populismus

1 Vgl. *Ungleichland*, Teil 1 / 3: ›So ist das Leben eines deutschen Millionärs‹, WDR 2018, https://youtu.be/2Y2WxM2Srlc.

2 Machowecz 2019 (wie Anm. 1 / Vorbemerkung).

3 Maximilian Probst: ›Anschlag auf die Vernunft‹, in: *Die ZEIT* 40 / 2019, 26.9.2019, https://www.zeit.de/2019/40/gesunder-menschenverstand-vernunft-populismus-afd/komplettansicht.

4 Michael Hübl: ›Protz und Pranger. Einige Anmerkungen zur Ersteigerung des Gemäldes 'Der Anbräuner' von Neo Rauch‹, in: *Kunstforum International* 263 (2019), S. 184–187, hier S. 187.

5   Loy / Pofalla / Rauch / von Taube 2019 (wie Anm. 1 / Kap. 5).

6   Wolfgang Ullrich: ›'Der Anbräuner' von Neo Rauch – eine Link-sammlung und ein kurzer Kommentar zur Versteigerung‹, *Ideenfreiheit*, 29.7.2019, https://ideenfreiheit.wordpress.com/2019/07/29/der-anbraeuner-von-neo-rauch-eine-linksammlung-und-ein-kurzer-kommentar-zur-versteigerung/.

7   Vgl. die Stellenanzeige unter: https://assets.jobmixer.com/uploads/userdocuments/40805/142602/rel-html/index.html.

8   Vgl. https://wasstimmt.de.

9   Andreas Raabe: ›Mehr als geschmacklos‹, in: *kreuzer* 11 / 2019, https://kreuzer-leipzig.de/2019/10/29/mehr-als-geschmacklos/.

10 ›Wir haben die Nacht in Brand gesteckt – Angriff auf die CG-Gruppe – Flammende Grüße an die Gefangenen!‹, in: *Indymedia*, 5.11.2019, https://de.indymedia.org/node/44195.

11 Wut im Bild

1   Rauch 2011 (wie Anm. 11 / Kap. 6), S. 33 und 35.

2   Peter Sloterdijk: *Zorn und Zeit. Politisch-psychologischer Versuch*, Frankfurt am Main: Suhrkamp 2006, S. 96 und 99.

3   Ebd., S. 99.

4   Ebd., S. 102.

5   Michael Diers: *Schlagbilder. Zur politischen Ikonographie der Gegenwart*, Frankfurt am Main: Fischer-Taschenbuch-Verlag 1997, S. 7 und 9.

Danksagung

Mehr noch als meine früheren Bücher verdankt sich dieses Buch auch anderen Menschen. Mit vielen habe ich mich seit Juni 2019 über die hier verhandelten Themen ausgetauscht. Einige davon sind langjährige Freunde, andere habe ich erst durch die Auseinandersetzungen über Rauchs Gemälde kennengelernt. Ihnen allen konnte ich sicher nicht immer gerecht werden, aber es würde mich freuen, könnten sie ihren jeweiligen Einfluss auf mich erkennen – und es annehmen, dass ich ihnen dafür herzlich danke. Mein Dank gilt selbstverständlich auch denjenigen, die frühe Fassungen des Textes gelesen und kommentiert haben. Ihre Unterstützung war für mich sehr wichtig.

© privat

Wolfgang Ullrich, geboren 1967 in München, lebt seit 2015 als freier Autor und Kulturwissenschaftler in Leipzig. Er arbeitet zur Geschichte und Kritik des Kunstbegriffs, zu bildsoziologischen Themen sowie zur Konsumtheorie. Im Verlag Klaus Wagenbach hat er seit 1998 vierzehn Bücher veröffentlicht. Außerdem ist er Mitherausgeber der Reihe DIGITALE BILDKULTUREN.

Wolfgang Ullrich bei Wagenbach

Selfies   *Die Rückkehr des öffentlichen Lebens*
Warum konnten Selfies zum Inbegriff der Bildkultur der Sozialen Medien
werden? Wie verhalten sie sich zur Geschichte des Selbstporträts und
der Selbstinszenierung? Wolfgang Ullrich schaut zurück und sieht sich
in der Gegenwart um – ohne Selfiestick.
Digitale Bildkulturen. Broschiert. 80 Seiten mit vielen Abbildungen

Siegerkunst   *Neuer Adel, teure Lust*
Kunst als Statussymbol der Reichen, Erfolgreichen und Mächtigen:
Wolfgang Ullrich beschreibt, wie rückwärtsgewandt sich der Kunstbe-
trieb derzeit entwickelt. Der freie Künstler ist nicht mehr frei, sondern
bedient die Bedürfnisse weniger Sammler nach Exklusivität, Luxus und
Repräsentation.
Sachbuch. Klappenbroschur. 160 Seiten mit vielen Abbildungen

Wahre Meisterwerte   *Stilkritik einer neuen Bekenntniskultur*
Wie ist es dazu gekommen, dass wir unablässig von Werten reden? Werte
zu beschwören und danach zu handeln gibt das wohlige Gefühl, etwas
Gutes zu tun. Doch reicht das aus?
Sachbuch. Klappenbroschur. 176 Seiten mit vielen Abbildungen

Tiefer hängen   *Über den Umgang mit der Kunst*
Der Kunsthistoriker Wolfgang Ullrich befragt das Selbstverständnis von
Künstlern und Kunstliebhabern. Die Vorstellung einer »hohen« Kunst ist
ihm ebenso ein Dorn im Auge wie ihre von einseitigen Motiven geleitete
Kommerzialisierung und Funktionalisierung. Und er wendet sich gegen
eine Sprache, die den Kunstkommentar zum Audienzbericht herabwürdigt.
WAT 479. Broschiert. 192 Seiten

Uta von Naumburg   *Eine deutsche Ikone*
Gräfin, Heilige, Madonna, First Lady des Dritten Reichs: die erstaun-
liche Karriere einer Sandsteinstatue des Naumburger Doms.
WAT 523. Broschiert. 192 Seiten mit vielen Abbildungen

Politik bei Wagenbach

Michela Murgia *Faschist werden* *Eine Anleitung*
Die Demokratie muss weg. Und die Alternative steht schon bereit. Michela Murgias virtuose, hochaktuelle Satire verunsichert, provoziert und wirft die Frage auf: Wie faschistisch sind Sie?
Aus dem Italienischen von Julika Brandestini
Broschiert. 112 Seiten

Kolja Möller *Volksaufstand & Katzenjammer*
Zur Geschichte des Populismus
Die westliche Welt wird gegenwärtig von einer Welle des Populismus ergriffen: Soziale Bewegungen, Parteien bis hin zu Staatspräsidenten beanspruchen für sich, das Volk gegen die »Eliten« zu vertreten. Das Buch skizziert die Hoffnung, dass ein guter Aufstand, der sich an den Widersprüchen unserer Zeit – wie Klimawandel und Globalisierung – orientiert, die autoritäre Welle noch einholen könnte.
Klappenbroschur. 160 Seiten

Jodie Dean *Genossen!*
Genosse kommt von genießen! Sich emphatisch als Genosse anzusprechen mag etwas aus der Mode gekommen zu sein. Dabei ist diese Beziehung eine der fruchtbarsten, intensivsten und handlungsmächtigsten überhaupt – wenngleich nicht ungefährlich. Jodi Dean schreibt die bislang fehlende Theorie von Zetkin bis Obama, von Lubitsch bis Sartre.
Aus dem Englischen von Andreas G. Förster
Klappenbroschur. 176 Seiten

Wenn Sie mehr über den Verlag und seine Bücher wissen möchten, schreiben Sie uns eine Postkarte oder elektronische Nachricht (mit Anschrift und E-Mail). Wir informieren Sie dann regelmäßig über unser Programm und unsere Veranstaltungen.
Verlag Klaus Wagenbach   Emser Str. 40/41   10719 Berlin
www.wagenbach.de   vertrieb@wagenbach.de

Bildnachweis
Abb. 1: © Courtesy Galerie EIGEN + ART, Leipzig/Berlin, und Zwirner, New York/London, VG Bild-Kunst, Bonn 2020
Abb. 2: © Estate of Jörg Immendorff, Courtesy Galerie Michael Werner, Märkisch-Wilmersdorf/Köln/New York
Abb. 3: © Estate of George Grosz, Princeton, N.J. / VG Bild-Kunst, Bonn 2020
Abb. 4: Victor Lenepveu: *Musée des Horreurs*, 1899
Abb. 5: © VG Bild-Kunst, Bonn 2020
Abb. 6: © AEDT.de/Krempl

2. Auflage 2020

© 2020 Verlag Klaus Wagenbach
Emser Straße 40/41, 10719 Berlin   www.wagenbach.de
Umschlaggestaltung: Julie August. Gesetzt aus der Adobe Garamond.
Gedruckt und gebunden bei Pustet, Regensburg.
Printed in Germany. Alle Rechte vorbehalten.

ISBN   978 3 8031 3701 2